精·准·执·行

让你实现增值成为高手的技术

陈立之◎著

江西美术出版社

JIANGXI FINE ARTS PUBLISHING HOUSE

图书在版编目（CIP）数据

精准执行 / 陈立之著 . -- 南昌：江西美术出版社，
2018.3

（时光新文库）

ISBN 978-7-5480-6016-1

Ⅰ . ①精… Ⅱ . ①陈… Ⅲ . ①企业管理 Ⅳ .
① F272

中国版本图书馆 CIP 数据核字（2018）第 032491 号

出 品 人：周建森
企　　划：江西美术出版社北京分社（北京江美长风文化传播有限公司）
策　　划：北京兴盛乐书刊发行有限责任公司
责任编辑：王国栋　楚天顺　李小勇
版式设计：曹　敏
责任印制：谭　勋

精准执行

作　　者：陈立之

出　　版：江西美术出版社
社　　址：南昌市子安路 66 号江美大厦
网　　址：http：//www.jxfinearts.com
电子信箱：jxms@jxfinearts.com
电　　话：010-82293750　　0791-86566124
邮　　编：330025
经　　销：全国新华书店
印　　刷：廊坊市华北石油华星印务有限公司
版　　次：2018 年 3 月第 1 版
印　　次：2018 年 3 月第 1 次印刷
开　　本：880mm×1280mm　1/32
印　　张：7
Ｉ Ｓ Ｂ Ｎ：978-7-5480-6016-1
定　　价：29.00 元

　　"天下之事，不难于立法，而难于法之必行。"企业要想生存发展，需要制度和战略，更需要实施和执行。再好的制度和战略，如果没有人去执行，或者更贴切地说没有很好地去执行，也是一纸空文。美国ABB公司董事长巴尼维克说过："一位领导者的成功，5％在战略，95％在执行。"执行是推动企业发展的力量源泉，是促进企业腾飞的助推器。只有执行，才能把纸上写的战略、口头上讲的任务付诸实施，并达到预期的目标。

　　当今社会竞争日益激烈，企业怎样在众多竞争对手中脱颖而出？一句话，不折不扣、精准彻底地执行。沃尔玛之所以能成为全球零售业的龙头，海尔之所以能跻身世界500强企业之列，原因都在于它们的员工能不折不扣、精准彻底地执行企业的战略和上级的指示。

　　执行至关重要，然而仅仅只停留在执行这一层面上还远远不够，还应当做到精准执行。我们经常看到这样的现象，很多战略和计划制定得非常详尽、完备，员工也按指令和吩咐去执行，但是最终的执行结果却与要求的相去甚远，甚至大相径庭，要么不合标准，要么期限太长，要么虎头蛇尾、没了下文。

　　执行不精准，任何缜密的计划、完善的措施、正确的政策、严格的制度，都只是一纸空文；执行不精准，任何创新的思路、有效的办法、可行的路径，都起不到任何作用，只能是画饼充饥；执行不精准，任何光辉的愿景、宏伟的蓝图、理想的目标，都只能是水中月、镜中花。

企业的执行力，归根结底取决于员工的执行力。管理者制定的战略和任务需要员工去执行，员工的执行力度如何，执行精度如何，执行效率如何，等等，将决定战略和任务能否得以顺利落实、成功完成。一项再正确的决策、再美好的任务，也会夭折在执行力弱的执行人手中。

在一个追求效率、注重细节的时代，精准执行已经被推向了显著的位置，成为商界人士共同关注的焦点。强生公司前总裁拉尔夫·拉森指出："如果不能被付诸实施，精准执行，再周密的计划也一钱不值。"戴尔公司董事会主席迈克尔·戴尔认为："所谓执行力，就是员工在每一个阶段都一丝不苟地切实执行。"比尔·盖茨则这样对员工说："每一天都要尽心尽力地工作，每一件任务都要力争高效而精准地执行。"

很多员工也想提高自己的执行效率，准确无误地完成老板交给的任务，但是却常常事与愿违，难以在预定的期限内给老板一个完美的结果，甚至无法完成任务。时间花费了不少，精力付出了很多，效果却不大，业绩也平平，做了很多无用功。面对失败，我们常将责任归咎于制度不够合理，推诿于战略不够正确，抱怨上级指令不够明确，却很少去思考自己是否认真而灵活地将任务执行到位。

如何精准把握上司意图？如何精准实现目标？如何精准获得结果？如何精准执行每一项任务？这本《精准执行》以精

准执行为核心理念，揭示了执行不精准带来的危害，探寻了执行不精准的根源，指出了精准执行的意义，从态度、目标、过程、结果、方法、细节、复盘等角度诠释了精准执行的真谛，并为每一个员工如何精准执行工作任务提供了切实有效的方法和指南。

精准执行，一次比一次准确。精准执行，一次比一次优秀。精准执行，一次比一次卓越。

目 录
Contents

第3章 目标精准——充分理解上司的意图

第4章 过程精准——将目标顺利导向结果

第5章　结果精准——用绩效证明工作价值

第6章 方法精准——如何完成比难更难的事

第7章 细节精准——超越所有人对你的期望

第 1 章

精准执行——高效完成任务的艺术

管理之道，在于执行；执行之道，在于精准。只有执行，没有精准，还不是百分之百地执行。执行可能有结果，但不一定有好结果，只有精准执行，才会有好结果。

　　精准就是正确、准确、精确，执行就要高效、快速、彻底。精准执行，是执行的最高境界，是执行力的核心。精准执行，是完美实现目标的技巧，是高效完成任务的艺术。

没有执行力，就没有竞争力

执行力是企业竞争力的重要一环。一个企业执行力如何，将决定企业的兴衰。

阿里巴巴总裁马云与日本软银集团总裁孙正义曾探讨过一个问题：一流的点子加上三流的执行水平，与三流的点子加上一流的执行水平，哪一个更重要？结果两人得出一致答案：三流的点子加一流的执行水平。再好的决策也必须得到严格执行和组织实施。一个好的执行人能够弥补决策方案的不足，而一个再完美的决策方案，也会死在差劲的执行过程中。从这个意义上说，处于现今市场经济中的现代企业，没有执行力，就没有竞争力。

杰克·韦尔奇也说过："没有执行力，哪有竞争力。"彼得·德鲁克说："管理是一种实践，其本质不在于'知'，而在于'行'。"一个企业如果没有执行力，那么它就像海市蜃楼，永远不可能有竞争力，更不可能实现企业的成功与辉煌。精准快速的强有力且执行才是企业成功的关键。

上海的必胜客就是一个典型的例子，每当我们打"4008-123-123"服务热线的时候，就能得到必胜客的服务，这个号码是必胜客的唯一号码。当我们打电话到必胜客的时候，必胜客的工作人员立刻用电脑将电话分类，30分钟之内将披萨送到我们的家里。必胜客之所以有如此高的工作效率是和它注重执行力有关的。必胜客有严格的规定，如果员工在送披萨时忘记了带佐料要扣钱，顾客没有及时收到披萨，员工要扣钱。顾客进来时没有跟顾客问好的员工要扣钱，顾客走时没有说再见的员工要扣钱，等等，很多新员工进去还没有拿到薪水就已经被扣光了。可也正是必胜客的严格要求，使得必胜客能够在快餐业遥遥领先。

反之，执行不力、执行不精准、执行不到位，企业也会遭遇险境。例如联想公司在1999年进行ERP改造时，业务部门不积极执行，使流程设计的优化根本无法深入。若长此下去，联想必将瘫痪。最后柳传志不得不施以铁腕手段，才杀灭企业内部试图拖垮ERP以保全既得利益的阴暗心态。

没有执行力，就没有竞争力。执行，是个人成长的加速器，是组织效率的发动机，也是企业基业常青的动力源泉。

没有精准执行，一切都是空谈

近些年来，"执行"可能是中国企业和管理者们最常用的词汇之一。无论是企业家、经理人员，还是政府官员、社会组织领导人，谈到战略规划和任务实施，都再三强调"执行"。企业家认为"没有执行，一切都是空谈"，经理人员觉得"执行力是影响工作效率的关键"，政府官员提出"执行力是政府工作的生命力"。

"执行"为何如此重要？什么是"执行力"？究竟如何做才能实现高效的执行呢？

一天，老鼠大王组织召开了一个老鼠会议，商讨如何对付猫。会议开了一上午，老鼠们个个踊跃发言，却始终没有一个切实可行的办法。这时，一只号称最聪明的老鼠站起来说："据事实证明，猫的武功太高强，死打硬拼我们不是它的对手。对付它的唯一办法就是防。""怎么防呀？"大家反问。"在猫的脖子上系个铃铛。这样，猫一走铃铛就会响，听到铃声我们就躲进洞里，它就没有办法捉到我们了！""好办法，好办法，真是个聪明的主意！"老鼠们欢呼雀跃起来。老鼠大王听了这个办法，高兴得什么都忘了，当即宣布散会举行大宴。

可是，第二天醒酒以后，老鼠大王又召开紧急会议，并宣布说："给猫系铃这个方案我批准了，现在开始落实。""说干就干，真好！"群鼠们激动不已。老鼠大王接着说："有谁愿意接受这个任务，现在主动报名吧。"可是，等了很久，会场里面仍没有回声。

于是，老鼠大王命令道："如果没有报名的，就点名了。小老鼠，你机灵，你去系铃。"老鼠大王指着一个小老鼠说。

小老鼠一听，浑身抖作一团，战战兢兢地说："回大王，我年轻，没有经验，最好找个经验丰富的吧。"

"那么，最有经验的要数鼠爷爷了，您去吧。"紧接着，老鼠大王又对一个爷爷辈的老鼠发出命令。

"哎呀呀，我这老眼昏花，腿脚不灵的，怎能担当得了如此重任呢？还是找个身强体壮的吧。"鼠爷爷磕磕巴巴，几近哀求地说道。

于是，老鼠大王派出了那个出主意的最聪明的老鼠。可这只老鼠刺溜一声离开了会场，从此，再也没有见到它。

老鼠大王一直到死，也没有实现给猫系铃的夙愿。

执行力就是把想法变成行动，把行动变成结果的能力。现代组织的最大问题就是没有执行力。无论多么宏伟的蓝图、多么正确的决策、多少严谨的计划，如果没有精准高效的执行，最终的结果都是纸上谈兵。没有执行力就没有成功，执行才是硬道理。

毕竟，构想再伟大，也要有人将它实践出来，这一切，靠的就是执行力。

对个人而言，执行力就是办事能力；对团队而言，执行力就是战斗力；对企业而言，执行力就是经营能力。衡量执行力的标准，对个人而言，是按时按质按量精准地完成自己的工作任务；对企业而言，就是在预定的时间内实现企业的战略目标。

　　然而，仅有执行还不够！因为执行有很多种：敷衍塞责是一种执行；半途而废是一种执行；朝着错误的方向，用错误的方式做事，徒劳无功，只有付出，没有回报是一种执行；达到目的，实现既定目标是一种执行；超越期望，得到的比计划的更多，也是一种执行。

　　什么样的执行才是最好的执行？当然是后两种执行！这就是我们要追求和倡导的精准执行。只有精准执行，才是真正的、有效的、准确的、彻底的执行！

打破执行不准的魔咒

　　在中国，执行不精准、执行不到位、执行力缺失、执行力不强的现象非常普遍，这和中国人的思维方式有很大的关系。

　　有这样一个例子。

　　在南方的某个城市，一个跨国公司的中国区高管在一幢摩天大楼的60层举行一年一度的营销年会，在座的80多人中，美方高管有50多人，剩下的就是中方的高级雇员。在会议即将结束的时候，美国的总裁忽然站起来，对大家说："全体人员跟我一起跳下去！"这个时候，空气一下子凝重了起来，只见那

50多个人齐刷刷地站起身，眼睛紧盯着这个总裁。中方雇员们慌了起来，也匆忙站起来，惊恐地望着美方总裁，心想："这老头是不是疯了！"

通过这个小故事我们可以看到，中国人在执行一项措施的时候，往往是老板在考虑员工怎么想，员工在考虑老板想得对不对，这样就会使一项命令在执行的过程中因为主观因素的误导而出现偏差。

例如老板按照公司规定给一个员工安排生产塑料花的任务，经理在安排人的时候会想哪个员工更适合做呢？哪个员工能做得好呢？员工也同样会考虑领导的想法，他会想："怎样做才会被领导夸奖呢？""领导喜欢什么颜色的花呢？"等等。

其实制作塑料花本就是员工的职责，每个制造塑料花的员工都应该完成任务，如果完不成就应该承担相应的责任。

所以，管理者根本不用考虑哪个人做得好，只要员工按照公司的要求完成就可以了，而员工也不必去想管理者的喜好，因为这不是在给管理者做塑料花，而是给买主做。

总之，把需要下属去执行的任务更多地程序化，就会避免管理者和员工因为主观思维不同而导致的失误。每个职务已经设定了它该做的事情，管理者下达了命令，员工按照公司的规定执行就可以了，这样就会减少很多麻烦，让执行精准、快速起来，最终提升执行的效率。

严、实、快、准、狠、新地执行

何谓执行力？就是保质、保量地完成自己的工作和任务的能力。

在职场中，成为一名优秀员工，不断提升自我执行力是关键。个人执行力的强弱主要取决于两个要素——个人能力和工作态度，能力是基础，态度是关键。所以，要想提升个人的执行力，就要加增强自身素质，端正工作态度，提升执行质量。

那么，如何实现精准执行、高效快速地完成老板交给的任务呢？关键是要在执行任务过程中实践好"严、实、快、准、狠、新"六字要诀。

1. 执行意识——严

首先着眼于"严"，要增强执行的责任意识。责任心和进取心是做好一切工作的首要条件。责任心的强弱，决定执行力度的大小；进取心的强弱，决定执行效果的好坏。因此，要提高执行力，就必须树立起强烈的责任意识和进取精神，克服不思进取、得过且过的心态，把工作标准调整到最高，精神状态调整到最佳，自我要求调整到最严，认认真真、尽心尽力、不折不扣地履行自己的职责。决不消极应付、敷衍塞责、推卸责任，养成认真负责、追求卓越的良好习惯。

2. 执行行为——实

执行要着眼于"实"，要培养脚踏实地、务实实干的作风。天下大事必作于细，古今事业必成于实。好高骛远、作风漂浮，结果终究是一事无成。要发扬严谨务实、勤勉刻苦的精神，坚决克服夸夸其谈、评头论足的毛病。真正静下心来，从小事做起，从点滴做起。

3. 执行速度——快

要着眼于"快"，提高执行效率。"明日复明日，明日何其多。我生待明日，万事成蹉跎。"因此，要提高执行力，就必须强化时间观念和效率意识，弘扬"立即行动、马上就办"的工作理念。坚决克服工作懒散、办事拖拉的恶习。每项工作都要立足于一个"早"字，落实一个"快"字，抓紧时机、加快节奏、提高效率。执行任何任务都要有效地进行时间管理，时刻把握工作进度，做到争分夺秒，赶前不赶后，养成雷厉风行、干净利落的良好习惯。

4. 执行尺度——准

执行需要密切贴合组织的战略目标、部门的重点方向、组织的流程制度、上级的交办事项等。与组织战略目标和上级要求不相符的事就没有必要去做。在执行任务过程中，需要时时评估自己的工作和行为是否与组织战略目标相符。

5. 执行力度——狠

执行要追求卓越、追求最好、追求更好。如果执行不及时、不迅速，执行力起来拖拖拉拉，就会延误工作计划和进度，执行就会变得虎头蛇尾，没有成效。

6. 执行高度——新

执行要着眼于"新"，开拓创新，改进方法。只有创新，才有活力；只有创新，才有发展。面对竞争日益激烈、变化日趋迅猛的今天，创新和应变能力已成为推进企业发展的核心要素。

因此，要提高执行力，就必须具备较强的创新精神和思考能力，坚决克服无所用心、生搬硬套的问题，充分发挥主观能动性，创造性地开展工作、执行指令。在日常工作中，我们要敢于突破思维定势和传统经验的束缚，进一步解放思想，不断寻求新的思路和方法，使执行的力度更大、方向更准、速度更快、效果更好。要养成勤于学习、善于思考的良好习惯。

总之，提升个人的精准执行力虽不是一朝一夕之事，但只要你按"严、实、快、准、狠、新"的要求用心去做，相信一定会成功！

精准执行走好七大步

执行必须做到精准。只有精准的执行，才是有效的执行，才能让组织的战略得到贯彻，才能让上级的任务得到落实，才能体现个人的能力和价值。

执行涉及的因素纷繁复杂。精准执行，就是要以最快的速度、最优的方案、最明晰的过程准确实现组织的目标，完成上级交办的任务。

一次完整的精准执行，包括态度积极、理解目标、明晰流程、关注结果、方法科学、做好细节、事后复盘七个环节。

> 态度积极→理解目标→明晰流程→关注结果→方法科学→做好细节→事后复盘

精准执行流程图

1. 态度积极

态度决定一切。精准执行，首先是一个态度问题，应是一种发自肺腑的爱，一种对工作的真爱。执行需要热情和行动，需要努力和勤奋，需要一种积极主动、自动自发的精神。只有以这样的态度对待工作、认真执行，才能将每一项任务都执行得完美到位，即便是再艰巨的任务，也会迎难而上，勇挑重担。而态度不正确，对待工作敷衍了事，执行任务投机取巧、拈轻怕重，即便是容易的任务也不会好好地完成。

要执行，就要将责任根植于内心，让它成为脑海中一种强烈的意识。在日常行为和工作中，这种责任意识会驱动我们严肃认真地对待执行，把任务执行得细致、到位。

2. 理解目标

能否顺利执行到位、精准执行任务的重要前提就是目标是否明确，目标明确就是要明确领导意图、落实任务指标。只有搞清组织的目标、领会领导的意图，执行起来才不会盲目行动，才能心中有方向，才能在执行中自觉围绕着既定的目标而努力行动。

要明确公司的年度、季度、月度指标，不仅要明确领导每周甚至每天的工作意图，还要将任务和指标层层分解，具体到每个环节和细节，直到不能再分。即使公司和领导没有这样的要求，个人也要给自己定好目标：每周我们要做什么，每天做什么，要做到什么程度。总之，一定要有计划地推进。

3. 明晰流程

不明确执行的流程，执行起来就会不知道从哪里入手，眉毛胡子一把抓，东一榔头西一棒子，抓不住重点，混乱无序。而这就会造成执行脱节、执行返工、执行无结果的严重现象，使我们的执行阻碍重重。

在执行前，必须先明晰执行的流程，要明确执行从哪里开始，到哪里结束，需要哪些步骤，哪些是重点、要花精力去做的，哪些是次要的、不需要耗费太多精力的，等等。流程清晰了，执行起来才会有条不紊、忙而不乱、环环相扣，稳步实现执行目标。

4. 关注结果

执行的最终目的，就是要实现工作目标，明确结果。执行没有结果，任何为执行所做的努力都是无效的。

在处处讲求实际、讲求成果的当代，人们已经越来越依赖于通过结果来评定一个人的行为价值。因为只有结果才是可触的，无论你在执行过程中如何努力，如果没有结果，那么很难证明这段过程的存在。以结果为导向是一种重视结果的思维方式，它善于发现和分析问题，且有很强的质量控制意识、强烈的责任心和持之以恒的执着精神。

一切的行为只为成功的结果，一切的执行都为实现最后的结果。所以，当我们执行一项任务时，首先考虑的是要实现一个怎样的结果。要用结果证明你执行的正确，证明你的工作价值。

5. 方法科学

精准执行的一个重要体现就是执行有方法。执行不到位、执行不准确、执行不顺畅，除了其他方面的因素外，多半是因为方法不对头、方式不得力。执行要讲究方法，方法正确，付出较少的努力就会取得较大的成果，执行就会事半功倍；方法错误，即使付出再多的努力也会鲜见成效，执行就会事倍功半。

因此，在执行时，要开动脑筋，积极思考，寻找问题的解决办法，力求用最少的时间、最省力的方式实现目标，高效地完成任务。

6. 做好细节

"魔鬼在细节"，细节决定执行的成败。一个细节的不到位、一个细节上的失误，都有可能影响整个执行的过程及结果，给执行造成难以挽回的损失。所以，我们在执行每一项任务，做每一件事的时候，从准备开始直到事情做完都要有一个全面的考虑，特别是在容易忽略的环节上，更要认真和细心，千万不能粗心大意。

有时候成功其实很简单，需要的只是对细节的关注。在细节之处下功夫，将每个细节都做得扎实到位，整个执行才会无懈可击。养成了重视细节的习惯，才能把任务完成得尽善尽美。

7. 事后复盘

执行结束了并不意味着大功告成了，执行工作就做得无可挑剔了。每一次行动总有可能留下缺陷，任何一个方法总有不足之处，而且执行过程中条件和情况的变化也会使我们的工作出现新问题。因此，在执行之后有必要对整个执行过程进行复盘、检查，对所做工作进行调整、修正、完美。

通过复盘梳理、追踪检查，可以及时发现执行中存在的问题和漏洞，不断地修正原执行方案和工作环节，使其更加完善。复盘的过程，实际上是对执行的评估、修改和完善的过程，也是对执行本身的深化过程。

另外，复盘还有助于我们总结经验、教训，为以后的决策和执行提供借鉴，使得我们的执行更加精准、工作越趋高效、结果更为完善。

唯有精准，方能高效

比尔·盖茨说过："过去，只有适者能够生存；今天，只有最快处理完事务的人能够生存。"

发展是企业经营的根本目的。在当今社会中，企业间的竞争在日益加剧，这就要求现代企业不但要发展，而且要快速发展，发展速度更要快于竞争对手，只有这样企业才能生存下来，才能谈企业发展的问题。

那么，怎么能让企业快速发展呢？就要不断提高企业的执行效率。

唯有执行效率高的企业才能在相同的时间，做出更多的业绩。而高的执行效率又得依赖员工来完成。那么此时，按时、按质、按量地精准执行工作任务不但是企业的要求，更是社会的要求。现在的社会已经不是"适者生存"，而是"快者生存"的时代，所以企业的任务职责就更不能推卸、更不能贻误，要积极准确地落实，这样在企业立于不败之地的时候，自己的价值也能得以体现。

作为企业的员工，我们不但要把每一项工作认真地完成，更应当在每一个环节、每一个细节上都以最快的速度，按时、保质、保量完成任务。企业就像一台高速运转的机器，每一位员工都是这台机器的重要一环，环环相扣。机器的任何一个环节出了问题，都会影响机器的正常运转。所以，也就要求我们每一位员工在自己的岗位上要做好自己的本职工作。

市场经济条件下，企业与企业之间的竞争，实质就是执行效率的竞争。只有执行效率强大的企业，才能保持快速、高效地运转，才能在市场竞争中立于不败之地。而企业执行效率的高低、强弱，又取决于每一位员工的执行能力和执行效率。

所以，作为企业的员工，我们有义务和责任提升和强化自己的执行力，奉行"严、实、快、准、狠、新"的执行要诀，为企业的长远发展奉献自己的光和热！

制度为纲，不折不扣执行

执行力是推动工作、落实制度的前提。事实证明，制度制定以后关键是执行，再好的制度如果没有人执行或执行不到位也是没用的。作为一名员工，你的工作必须着眼在不折不扣的执行上。

工作中切忌不按规矩办事。虽然有许多公司制度制定得比较完善，并把制度编制成册，或经常把制度性的标语贴在外面，但是在制度的执行过程中往往就变了样，成了"上有政策，下有对策"，员工有这种行为是极不可取的。

一家媒体曾针对"上班干私事"这一问题做过一个调查：

通过对235名员工进行的随机调查，发现大部分员工上班时间"干私事"。上班时间不干正事达到了调查人数90%以上的比例，大部分员工上班时间干多种"私事"，其中上网私人聊天和上网闲逛所占比例最高，达86%，做其他事情如出去走走等占60%，玩游戏和煲电话粥则分别占到了40%和33%，兼职则占到了7%。

同时，调查显示，在8小时内用于"干私事"的时间为20~30分钟的人数最多，1~3小时人数占调查总数的20%，占用时间最多的为3小时以上，占调查人数比例的11%。另外，有15.55%的员工认为，办公室干私事时间视情况而定。

调查中发现，许多普通员工上班时间用于上网私人聊天、浏览与工作无关网站的最多，此外还有玩游戏、煲电话粥、上网炒股、兼职、利用工作餐时间请客等多种方式。而在白领阶层，上班时间在办公室"干私事"已成为一股风气。

在一家广告公司工作的李先生告诉调查者，现在上班时间上网聊天已经成为一种风气了，禁也禁不了，而且很多时候上网也和工作有关，大家以公谋私你也不知道。像李先生的工作就必须上网，他认为浏览新闻是必需的，联系客户的时候也需要聊天。

这个调查应该引起所有员工的重视。制度是员工个人成长的平台。有些员工没有认识到制度的重要性，他们以为规章、制度等规范都只是企业为了约束、管理员工的需要，对此他们往往持排斥的态度，表面上遵守，内心深处则是一百个不愿意。在没有监督的情况下，员工常常是"上有政策，下有对策"，做出一些违背公司规章制度的事情。

每个员工都希望在公司有好的发展，要做到这一点，不仅要学会在制度的约束下成长，更要学会利用制度给予的资源发展自己、提高自己和增加工作业绩，得到领导和同事的认同。

企业好比是一个舞台，如果你不在舞台上表演，那么即使你有再好的演技，也难以表现出来。若是在舞台下展示你的演技，则是用错了地方，演得再好，也没人会认可你。员工要习惯在制度下工作，这是一种职业纪律，更是一种职业技巧。企业常常会通过制度安排把资源和荣誉给予那些模范执行公司规章的员工，如果你与制度格格不入，那么你是难以得到企业认可的。

总之，员工应以制度为准绳，不折不扣地完成工作指标，坚决摒弃"上有政策，下有对策"的错误行为，以强化自身的执行力。

因为专注，所以精准

"年轻人事业失败的一个根本原因就是精力太分散。"这是戴尔·卡耐基在分析了众多个人事业失败的案例后得出的结论。事实的确如此，很多人在执行任务时思想和精力分散，缺少专心，也不能持之以恒，这使得他们工作没有章法、没有成效，任务总是不能如期完成。然而，如果他们的努力能集中在一个方向上，那么任务很少有不能完成的。确实，专心致志是很多人取得事业成功的一个重要原因。

曾经有一位父亲带着三个孩子迈克尔、大卫、劳，到森林去猎杀野兔。

到达目的地以后，父亲问迈克尔："你看到了什么？"

迈克尔回答："我看到了猎枪、野兔，还有森林。"

父亲摇摇头说："不对。"便以同样的问题问大卫。

大卫回答说："我看到了爸爸、迈克尔、劳、猎枪，还有树林。"

父亲又摇摇头说："不对。"再以同样的问题问劳。

劳回答："我只看到了野兔。"

父亲高兴地说："答对了。"

工作就如同打猎一样，你必须专注，哪怕一秒钟的分神，都可能使"猎物"跑掉，或失去准星，最后一无所获。你在一项计划上用了多少时间并不重要，重要的是，你是否从一开始就能"连贯而没有间断"地去做好事情。

太阳普照万物，并不能点燃地上的柴火。但有凸透镜就可以，只需要区区一小束阳光，长时间地聚集到一点上，即使在最寒冷的冬天也能把柴火点燃。

同样的道理，再弱小的人，只要集中力量于一点，也能得到好的结果；相反，再强大的人，如果把力量分散在许多方面，那么也会一事无成。学会聚集你的能量，让它爆发，那么定会有雷霆万钧之势。一个人如果能够长时间地把精力集中于一个点上，定能取得惊人的成功。

"天才就是不断的注意。"著名的科学家牛顿就是个注意力高度集中的人。

牛顿一生中的绝大部分时间是在实验室度过的。每次做实验时，牛顿总是通宵达旦，注意力非常集中，有时一连几个星期都在实验室工作，不分白天和黑夜，直到把实验做完。

有一天，他请一个朋友吃饭。朋友来了，牛顿还在实验室里工作。朋友等了很长时间，肚子很饿，还不见牛顿从实验室里出来，于是就自己到餐厅里把煮好的鸡吃了。

过了一会儿，牛顿出来了，他看到碗里有很多鸡骨头，不觉惊奇地说："原来我已经吃过饭了。"于是，他又回到了实验室继续工作去了。牛顿把注意力高度集中到了做实验上，竟然会忘记自己有没有吃过饭。正是这种高度集中的注意力，使牛顿在科学的领域建立了丰硕的成果。

因此，一个人做事一定要专注。培养做事专注的习惯，会对一个人的一生产生重大的影响。

执行要专注，专注出效率，这是衡量一个人注意力好坏的标志，更是衡量一个人是否具有精准执行力的准绳。所以，在执行任务时只有专注于目标，才能在这个目标上取得成功。

精准执行，率性退后，理性当家

精准执行，是建立在精心思考、冷静观察、充分准备基础之上的。那种凭着自己的感觉，执行任务仓促上阵，率性而为、自以为是的人，是很难做好工作、完成任务的，他们的执行也通常以失败告终。

率性而为的人做事常按着自己的性子来，结果给自己造成了很多的不便和不利。这种做事态度是不可取的，因为在没经验和考虑不周的情况下任性很可能会"撞南墙"，使事情无法挽回，而又让自己追悔莫及。

一位大学毕业生应聘于一家公司搞产品营销，公司提出试用三个月。二个月过去了，这位大学生没有接到正式聘用的通知，于是他一怒之下愤然提出辞职，公司一位副经理请他再考虑一下，他越发火冒三丈，说了很多过激的、抱怨的话。对方终于也动了气，明明白白地告诉他，其实公司不但已决定正式聘用他，还准备提拔他为营销部的副主任。这么一闹，公司无论如何也不用他了。这位涉世未深的大学生因他的不理性而丧失了一个绝好的机会。

率性而为，不考虑后果，不仅是对工作的不负责，也是对自己的不负责任。执行任务、对待工作不能想当然，想怎么做就怎么做，而应当养成理性思考、理智做事的良好习惯。用理智控制冲动的情绪和念头，是一个人用知识和智慧凝聚而成的涵养，更是从容练达做事的风范。

日本著名企业家松下幸之助先生在创业之初，由于竞争十分激烈，其他公司不断地压低价格以求抛售货品。那时松下先生还很年轻，心想："事到如今，只有和他们拼了，才不会输给同行业的竞争者们。"为了这件事，他跑去和加藤大观师傅磋商。大观师傅说："假使公司只有你一个人，你大可这样做。但你有这么多下属，他们又都有家眷，身为公司的负责人，竟然逞一时之强，岂不是连累了你的下属吗？"他觉得师傅讲的话很有道理，经过再三思考之后，决定放弃和其他公司竞相抛售货品的念头。果然不久，顾客都转而信任他，松下由此在商场中胜出。

执行任务，实施行动之前，先要考虑好可能产生的后果。随心所欲或凭意气用事的行为都是危险的，甚至可能会为此付出巨大的代价。而一时的兴趣或心血来潮，完全凭感觉做事，风险性则更大。我们的目的是将事情做好、将问题解决，而不是制造问题，把事情办砸。不计后果地做事所付出的成本并非是我们都能负担得起的，而失败的结果也不是所有的人都愿意去承受。执行之前考虑周全，想到可能出现的各种结果，事先拟定好应对和解决的方法，执行起来才会少出错误、少走弯路，才能顺畅、准确地实现目标。

执行重要，理性执行更重要。如果不能做到理性执行，让自己的感觉左右自己的行为，让那些模糊的判断决定自己的执行，就很可能会"差之毫厘，谬之千里"，与目标背道而驰。

精准执行，需要理性当家，理智为先。职场形势和工作条件随时会出现变化，在具体执行的时候，应该避免冲动，拒绝感性，让理性和理智做主，少些想当然，多些深思熟虑。让精确的思路为执行保驾护航，才是精准执行之道，才是赢家之道！

精准执行，成就卓越人生

一个人在执行任务过程中，只有追求精准极致的工作目标，才会迸发出持久强大的热情，才能最大限度地发挥自己的潜能，最大限度地实现自我的人生价值。

有一位刚刚进入公司的年轻人，自认为专业能力很强，对待工作便十分随意。有一天，他的上司交给他一项任务——为一家知名的企业做一个广告宣传方案。

这个年轻人自以为才华横溢，用了一天的时间就把这个方案做完交给了上司。他的上司觉得不行，又让他重新起草了一份。结果，他又用了两天时间，重新起草了一份交给上司，上司看了之后，虽然觉得不是特别完美，但还能用，就把它呈报给了老板。

第二天，老板把年轻人叫进办公室，问道："这是你能做的最好的方案吗？"年轻人一怔，没回答。老板轻轻地把方案交给他，年轻人什么也没说拿着方案回到了自己的办公室。

然后，他调整了一下自己的情绪，又修改了一遍，重新交给了老板。老板还是那一句话："这是你能做的最好的方案吗？"年轻人心中忐忑不安，不敢给予一个肯定的答复。于是，老板让他拿回去重新修改。

这一次，他回到了办公室，绞尽脑汁，冥思苦想了一个星期，彻底地修改完后交了上去。老板看着他的眼睛，依然问的是那一句话："这是你能做的最好的方案吗？"年轻人信心百倍地回答说："是的，我认为这是最好的方案。"老板说："好，这个方案批准通过。"

有了这次的经历之后，年轻人明白了一个道理：只有尽最大努力尽职尽责地工作，才能够把工作做得尽善尽美，才能把任务执行得精准彻底。以后在工作中，他经常叮嘱自己，要全力以赴，将每一项任务都完成得最为出色。结果，他变得越来越优秀，受到老板和公司的器重。

要想成为不可替代的职场精英，就需要有一股子精准执行的精神和行动。如果你能做到精准执行，你就能用很短的时间积累自己的实力，进而赢得自己在职场上的成功。

一个人无论从事什么样的职业，都应该全身心地对待自己的工作。在工作中，尽自己最大的力量来解决问题，并求得不断进步，这是一个极为关键的执行准则。也许我们在刚开始的工作中表现得并不出色，但只要全身心地、尽职尽责地投入进去，想办法自己解决遇到的困难，做一个有上进心、有事业心的人，同样可以赢得上司和老板的赞赏，在事业上取得成就。

英特尔总裁安迪·格鲁夫应邀在一次对大学生的演讲中说道："不管你在哪里工作，都别把自己当成员工，应该把公司看作自己开的一样。你的职业生涯除你自己外，全天下没有人可以掌控，这是你自己的事业。"

把工作当作自己的事业，能够让你拥有更大的挥洒空间，使你在掌握实践机会的同时，能够为自己的工作担负起责任。树立为自己打工的职业理念，在工作中培养自己的企业家精神，让自己更快地在事业上取得成功。

一个懂得精准执行的人，他的人生轨迹会比他的预想得更加精确、更加宽广，职业生涯也会比他预想得要更加成功、更加辉煌。

精准执行，就是把事情做到登峰造极，只有这样，才能达到别人无法企及的成功巅峰。精准执行，成就精确、卓越的人生。

第 2 章

态度精准——态度决定执行高度

态度决定行为，行为决定执行。精准执行，首先是一种态度。态度不正确，执行任务时就会敷衍了事、推脱责任，出现问题就会寻找借口、回避退让，就无法将工作做到位。

　　执行要精准，态度先精准。只有端正态度，忠诚敬业，积极主动、自动自发地承担责任，才能激发内心的能量，推动执行，走向成功。

精准执行是一种责任

实际工作中，之所以会出现一些重大决策没有很好地落实到位、一些重要政策在落实过程中打了折扣、一些重大工程在实施过程中进展缓慢等现象，究其原因，往往不是方向不明、道理不清、招数不对，而是失之于用心不够、责任不清。

广州一个家电制造有限责任公司曾发生过这样一起"事故"：

3号车间有一台机器出了故障，经过技术人员检查，发现原来一个配套的螺丝钉掉了，怎么找也找不到，只好重新去买。

在购买时，采购员发现市内好几家五金商店都没有那种螺丝钉，又跑了几家大型的商场，也没有买到。

几天很快就过去了，采购员还在寻找那种螺丝钉，可是工厂却因为机器不能运转而停产。于是，公司的领导者不得不介入此事，认真听取事故的前因后果，并且想方设法地寻找修复的方法。

在这种"全民总动员"的情况下，技术科才想起拿出机器生产商的电话号码。打电话过去，对方却告诉他："你们那个城市就有我们的分公司啊。你联系那里看看，肯定有。"

联系后半个小时，那家分公司就派人送货来了。解决问题的时间非常短，可是光寻找哪里有螺丝钉，就用了一个星期，而这一个星期公司已经损失了上百万元。

很快，工厂又恢复了正常的生产运营。在当月的总结大会上，采购科长将这件事情又重新提了出来，他说："从这次事故中，我们很容易就能看出，公司某些工作人员的责任心不强。从技术科提交采购申请，再经过各级审批，到最后采购员采购，这一切都没有错误，都符合公司要求，可是结果却造成这么重大的损失，问题在哪里？竟然是因为技术科的工作人员没有写上机器生产商的联系方式，而其他各部门竟然也没有人问。"

最宝贵的精神是落实的精神，最关键的落实是责任的落实。落实任务，先要落实责任，因为责任不清则无人负责，无人负责则无人落实，无人落实则无功而返。落实责任，是抓好工作落实的重要保证。

只有落实责任，才是落实任务、对结果产生作用的真正力量；只有靠落实责任，我们的单位和企业才能更加欣欣向荣；只有靠落实责任，战略才能隆隆推进，崭新的未来才能扑面而来；只有靠落实责任，个人的潜力才能得到无限的开发，个人才能一步步走向成功。

精准执行是一种敬业精神

敬业，是一种最为可贵的执行态度。

敬业是一种职业的责任感，不是对某个公司或者某个个人的敬业，而是对一种职业的敬业，是承担某一任务或者从事某一职业所表现出来的敬业精神。

敬业是员工的使命所在。从通常的意义上来讲，敬业就是敬重自己的工作，将工作上的事当成自己的事。敬业的具体表现为忠于职守、尽职尽责、严谨执行、一丝不苟、善始善终等职业道德。

敬业是把人的使命感和道德责任感融合在了一起，是完美执行和完成任务的重要条件，是最基本的职业精神。

然而，我们总是能发现一些逃避责任、寻找借口的人，他们不仅缺乏一种神圣的使命感，而且缺乏必要的敬业精神。

有一位颇有才华的年轻人，他聪明机智，但是却工作散漫，缺乏敬业精神。一次报社急着要发稿，他却搂着稿件在家里睡大觉，影响了整个报纸的出版计划。像这种人是无法做好本职工作的，老板也不会将重要的任务交给他去执行。

公司和老板需要的是敬业的员工。作为员工，应当热爱、敬重自己的工作，主动承担起自己应有的责任。对于老板吩咐的任务，应当全力接受。在执行任务过程中，应当投入全身心的精力，想方设法寻找解决问题的办法和途径，精准、快速、完美地完成任务，给老板交上一份满意的答卷。

敬业从表面上来看是有益于公司、有益于老板的，但最终的受益者却是自己。

如果我们能将敬业变成一种习惯，就能全身心投入工作之中，并在工作之中感受到快乐。这种习惯或许不会有立竿见影的效果，但可以肯定的是，当"不敬业"成为一种习惯时，其结果却是立竿见影的。工作上的投机取巧、执行中的拖延敷衍，也许给你的公司带来的只是一点点的影响，给你的老板带来的只是一点点的经济损失，但是却可以毁掉你长长的职业前途。

巴顿将军有句名言："每个人都必须心甘情愿为完成任务而献身。"他强调的是，每个人都应该敬业，都应该为完成自己的工作和任务、为实现自己的价值而付出，时刻不能忘记自己的责任。我们要在工作中树立敬业的观念，认真对待每一次工作，自觉执行上级交给的任务。敬业是员工的基本职业素养，也是企业对员工的核心要求之一。

坚守责任，执行义不容辞

一位战败的将军牵着受伤的战马走进了树林，他带领全族的人出城杀敌，然而只有他一个人幸存了下来。悲伤至极的他决定了却自己的生命。当他拿起宝剑时，突然听到有人喊：

"将军，请先不要死，你死在这里会挡住我的去路，让我先过去！"将军回头一看，原来是一个上山打柴的老翁，他挑着柴担向山下走来。

老翁打量了将军一眼，放下柴担，坐在旁边用帽子扇起风来。"老先生，您怎么不走啊？"将军苦着脸问道。"那你又是为何呢？堂堂男子汉，为什么要自杀呢？"老翁反问道。将军对老翁讲明了原因，老翁听后不但没有同情他，反而哈哈大笑。

将军疑惑地问："您何故发笑？"老翁看了将军一眼，说："我每天到山上砍柴，我的责任是供养妻儿，即使刮风下雨也不能阻止我。供养妻儿是我的责任，我要坚守我的职责，就算我老得担不动柴了，都不能改变！"老翁继续说道，"驱逐侵略者，让百姓过安定的生活是你的责任，你的士兵都是为这个责任牺牲的，你不能坚守责任就是背信弃义之人。"老翁站起身，"将军，你现在可以死了！我的家人还在等着我呢。"老翁说完转身离去。

将军突然感到他要坚守自己的责任：为国家、为人民，驱逐侵略者！他走遍附近的村庄，召集了很多人，再次举起了反抗侵略者的大旗。他经历了多次失败，但都没有放弃责任，在最艰难的时刻，他总能记得：坚守自己的责任，就一定能达到目标。逐渐地，他的队伍不断壮大，终于赶走了侵略者，实现了他的目标。

对于一个成功的人来讲，他身上所体现出的最耀眼的光芒就是强烈的责任心，能坚守自己的责任，并将责任落实到自己的工作中。正是这种负责的精神，才能使他在工作中充满动力，能以一种愉悦的心情工作。这样，不但提高了工作效率，而且能使自己的工作成绩更加完美。这样，既为未来发展铺平了道路，又赢得了领导者的青睐，使自己得到提升。

一辆列车高速行驶着，突然，车厢中响起了广播声："各位旅客，七号车厢中有位孕妇要临产，哪位旅客是医生，请马上到七号车厢。"林娜听到广播后站起来，走到七号车厢。"列车长，我是一名外科医生，但我刚毕业，在医院实习期间发生过医疗事故，刚被医院开除。"林娜对列车长说，"我很想帮忙，希望能给医生做个副手。""不！这里只有你一个医生，虽然你离开了医院，但你还是一名医生，你有能力完成你的使命！我们相信你！"列车长鼓励她。

"是的！我有能力，重要的是医生是我的职业，救死扶伤是我的使命，是我的责任。"林娜对自己说。她决定为孕妇接生，孕妇的丈夫告诉林娜："大夫，我妻子以前生过一次孩子，但因为难产，孩子没有保住。"林娜听后感到负担更重、责任更大了。作为医生，她应该让母子平安。林娜说："我会努力的！"过了半个多小时，车厢里传来了婴儿的啼哭声。

林娜成功了，她凭着强烈的责任心完成了工作和使命。她坚守责任，证实了自己的人生价值。

其实，一个人本身就是一个责任的集合体，身上肩负着对工作、家庭、亲人、朋友的责任，一个人的价值的展现就在于能坚守自己的责任，完成自己的责任，只有这样，才能使自己的人生更有价值。

坚守自己的责任，我们将取得更加卓越的成就，表现出更加完美的人格。

责任心为执行撑起一片天

在企业的经营过程中，企业员工的责任心更能影响企业的生存和发展。

有了责任心，才会凡事严格要求，执行任务中不打折扣，措施实施中不玩虚招，做到令行禁止。

令人遗憾的是，现实生活中的情形并不乐观。有一个人给一位企业领导者发送电子邀请函，连发几次都被退回，他向那位领导者的秘书查询时，秘书说邮箱满了。可四天过去了，还是发不过去，再去问，那位秘书还是说邮箱是满的。试想，不知这四天之内该有多少邮件遭到了被退回的厄运？而这众多被退回的邮件当中谁敢说没有重要的内容？如果那位秘书能考虑这一点，恐怕就不会让邮箱一直满着。作为秘书，每日查看、清理邮箱，是最起码的职责，而这位秘书显然责任心不够。

员工勇于承担责任是一种美德、一种勇气，是无私无畏的表现，更容易赢得领导的尊重，成为同事行为的楷模和样板。员工如有能力以一种负责的、职业的、考虑周全的方式行事，对公司来说是一种竞争优势，对于个人而言是一笔财富，也是提高执行能力的最佳途径。

责任心体现在三个阶段：一是执行之前，二是执行的过程中，三是执行后。怎样提升责任心呢？第一阶段，执行之前要想到后果；第二阶段，要尽可能引导事物向好的方向发展，防止坏的结果出现；第三阶段，出了问题敢于承担责任。勇于承担责任和积极承担责任不仅是一个人的勇气问题，而且也标志着一个人是否自信、是否光明磊落、是否恐惧未来。

勇于承担责任不是大家心中所想的那样，好像自己要付出多大的代价。在公司里主动承担责任只会给自己带来好处，虽然有时候会牺牲自己的利益。从另一个方面来讲，勇于承担责任是每一名员工的职责所在，是义不容辞的事。

你有没有意识到这一点？你害怕承担责任，害怕自己的利益受到损失，害怕自己的前途受到影响。所以，你学会了推卸责任，学会了临阵脱逃，学会了"明哲保身"。可就在你扬扬得意的时候，你的前途却被你亲手毁掉了。

职责所在，义不容辞。只有这样，你才能知道自己的能力缺陷在什么地方，才能去学习，才能不断提高自己的执行力。

将执行责任根植于内心

工作就意味着责任，执行工作任务的过程就是承担责任、履行职责的过程。责任就是对自己所负责的工作和任务的忠诚和坚守，是不计条件、不找借口全力以赴地去执行。

两匹马各拉一辆木车。前面的一匹走得很好，而后面的一匹常停下来东张西望，显得心不在焉。

于是，人们就把后面一辆车上的货挪到前面一辆车上去。等到后面那辆车上的东西都搬完了，后面那匹马便轻快地前进，并且对前面那匹马说："你辛苦吧，流汗吧，你越是努力干，人家越是要折磨你，真是个自找苦吃的笨蛋！"

来到车马店的时候，主人说："既然只用一匹马拉车，我养两匹马干吗？不如好好地喂养一匹，把另一匹宰掉，总还能拿到一张皮吧。"于是，主人把这匹懒马杀掉了。

把马换成人，雇主当然不会把不称职的员工杀掉，但他肯定会解雇他。而剩下的那匹马，似乎表现得"自讨苦吃"，但后来却成为主人不可替代的拉车马匹。

职场很多人也像这匹马一样，经常偷懒，糊弄工作，我们称之为"磨洋工"。对于领导交办的任务，敷衍了事，虚与应付，总是觉得做与不做一样，差不多就行了。这样的人是无法做好工作、完成任务的，无法胜任本职工作的，也难以在职场上生存下去。

著名管理学家奥·丹尼尔在他那篇著名的《员工的终极期望》中这样写道："亲爱的员工，我们之所以聘用你，是因为你能满足我们一些紧迫的需求。如果没有你也能顺利满足要求，我们就不必费这个劲了。但是，我们深信需要有一个拥有你那样的技能和经验的人，并且认为你正是帮助我们实现目标的最佳人选。于是，我们给了你这个职位，而你欣然接受了。谢谢！

"在你任职期间，你会被要求做许多事情：一般性的职责、特别的任务、团队和个人项目。你会有很多机会超越他人，显示你的优秀，并向我们证明当初聘用你的决定是多么明智。

"然而，有一项最重要的职责，或许你的上司永远都会对你秘而不宣，但你自己要始终牢牢记在心里。那就是公司对你的终极期望——'永远做非常需要做的事，而不必等待别人要求你去做。'"

这个被奥丹尼称为"终极期望"的理念蕴涵着这样一个重要的前提：无论你在哪里工作，无论你的老板是谁，管理阶层都期望你始终担当责任，运用个人的最佳判断和努力，为了公司的成功而把需要做的事情做好，决不糊弄工作。

责任是一名高效能执行者的工作宣言。在这份工作宣言里，你首先表明的是你的工作态度：我要以高度的责任感对待我的工作，勇于承担和坚决执行上级交给我的任何任务，对于工作中出现的任何问题都敢于承担。这是保证你的任务能够有效完成的基本条件。

　　我们要将责任深深根植于内心，让它成为我们脑海中一种强烈的自觉意识。在工作的过程中，这种责任意识将使我们更加卓越。

精准执行，没有任何借口

　　作为一名员工，不论领导交给的是什么任务，都要勇于接受，不找借口，坚持执行。

　　著名的美国西点军校有一个久远的传统，遇到学长或军官问话，新生只能有四种回答：

　　"报告长官，是。"

　　"报告长官，不是。"

　　"报告长官，没有任何借口。"

　　"报告长官，我不知道。"

　　除此之外，不能多说一个字。其中"没有任何借口"是许多人一开始最不适应，但随后最为推崇的一句话。

　　新生可能会觉得这个制度不尽公平，例如军官问你："你的皮鞋这样算擦亮了吗？"你当然希望为自己辩解，如"报告长官，排队的时候有位同学不小心踩到了我"。但是，你只能有以上四种回答，别无其他选择。在这种情况下，你也许只能说："报告长官，不是。"如果学长再问为什么，唯一的适当回答只有："报告长官，没有任何借口！"

在西点，接到命令时，他们没有任何借口，"保证完成任务"；遇到困难时，他们要努力寻找方法，不找任何借口；违反纪律时，他们要勇于承担责任，没有任何借口；面临挫折时，他们还是要挺身而出，没有任何借口！

在"二战"时期，盟军决定在诺曼底登陆。在正式登陆之前，艾森豪威尔决定在另外一个海滩先尝试一下登陆的困难。他把这个任务交给了三位部下。经过多次的讨论，那三位部下一致认为这是一次不可能成功的行动，所以他们力劝艾森豪威尔取消这个计划。后来，艾森豪威尔把这个任务交给了希曼将军，希曼将军义无反顾地接受了这一任务。虽然这次战斗极其惨烈，盟军损失1500人，几乎全军覆没，但是这场战斗为后来的诺曼底登陆提供了不可多得的经验和教训，从而使诺曼底登陆一举成功。

希曼将军就是一位服从指挥、具有强大执行力的优秀将才。他接到任务后不多说一句话，就是不折不扣地去执行，这种强大的执行力来源于士兵心目中"没有任何借口"的意识。

从西点军校出来的学生许多后来都成为杰出将领或商界奇才，不能不说这是"没有任何借口"的功劳。

"没有任何借口"，强调的是每一位员工想尽办法去完成任何一项任务，而不是想方设法地为自己找借口。

我们要勇于承担任务和责任，拒绝任何借口。承担与面对是一对姐妹，面对是敢于正视问题，而承担意味着解决问题的责任，让自己担当起来。没有勇气，承担就没有基础；没有承担力，面对就没有价值。放弃承担，就是放弃一切。

借口往往与责任相关，高度的责任心产生出色的工作成果。要做一个优秀员工，就要做到没有借口，勇于负责是你的天职。许多员工习惯于等候和按照领导的吩咐做事，似乎这样就可以不负责任，即使出了错也不会受到谴责。这样的心态只能让人觉得你目光短浅，而且永远不会将你列为升迁的人选。

借口对我们有百害而无一利，勇于负责就要彻底摒弃借口。假如一个人能够义无反顾地承担责任，无所畏惧地执行任务，那么他就会无往而不利。

不找任何借口地完成任务

1861年，林肯就职总统之后发现美国对战争的准备严重不足。联邦只有一支装备简陋、训练欠缺的16 000人的队伍，而它的指挥官——斯科特，已是一位75岁高龄的老将军。林肯非常清楚，为了使整个国家免于分裂，他需要一个具有执行力的人，于是林肯选定了乔治·麦克莱伦。

麦克莱伦有极高的声望且极富军事才能，但是他有一个致命弱点掩盖了他军事生涯的所有优秀表现，那就是他总是瞻前顾后，习惯于过多地思考问题，然后寻找理所当然的借口而不肯采取行动。

将近3个月过去了，麦克莱伦没有采取任何行动，林肯只能一次次督促他行动。

1862年4月9日，林肯再次给麦克莱伦写信督促他采取行动。"我再次告诉你，你不管怎样也得进攻一次吧！"在信的结尾，林肯甚至恳切地写道，"我希望你明白，我从来没有这样友好地给你写过信，我实际比以往任何时候都更支持你，但无论如何能不能不找任何借口，打上一仗？"

在林肯发出此信之后的一个月，麦克莱伦的军队继续延误战事，林肯只得在国务卿斯坦顿和蔡斯的陪同下亲临前线督战，而麦克莱伦竟然借口脱不开身不肯与林肯会合，于是林肯只好撤换了麦克莱伦。1862年7月11日，林肯委任亨利·哈勒克将军为联邦司令，这时距麦克莱伦被任命为联邦总司令的时间还不到1年。

懦弱的人寻找借口，想通过借口心安理得地为自己开脱；失败的人寻找借口，想通过借口原谅自己，也求得别人的原谅；平庸的人寻找借口，想通过借口欺骗自己，也使别人受骗。但是，借口不是理由，找借口给人带来的严重后果就是让你失去实现成功的机会，最终一事无成。

乔治·华盛顿·卡佛说："99%的人之所以做事失败，是因为他们有找借口的恶习。"

找借口的代价非常大，因为你不愿正视事实，只是千方百计地想着如何推脱责任。一个令我们心安理得的借口，往往使我们失去改正错误的机会，更使我们失去进步的动力。世界上喜欢找借口的人很多，他们自欺欺人、善于为自己的错误寻找借口，结果搬起石头砸了自己的脚，受伤害的总是自己。工作中的各类借口带来的唯一"好处"，就是让你不断地为自己的失职寻找托词，长此以往，你可能就会形成一种寻找借口的习惯，任由借口牵着你的鼻子走。

这种习惯具有很大的破坏性，它使人丧失进取心，让自己松懈、退缩甚至放弃。一旦养成找借口的习惯，你的工作就会拖拖拉拉，执行就会效率低下，做起事来就会偷工减料、敷衍了事，这样的人面对任务不可能有破釜沉舟的勇气和决心，也很难有成功的人生。

执行任务，不找任何借口，是每个员工最基本的职责。工作的天职就是无条件地执行上级的命令，全力以赴地完成。

从"要我做"到"我要做"

世界著名的成功学专家拿破仑·希尔曾经聘用了一位年轻的小姐当助手，替他拆阅、分类及回复他的大部分私人信件。当时，她的工作是听拿破仑·希尔口述，并记录信的内容。她的薪水和其他从事相类似工作的人大致相同。

有一天，拿破仑·希尔口述了下面这句格言，并要求她用打字机打印出来："记住：你唯一的限制就是你自己脑海中所设立的那个限制。"

她把打好的纸张交还给拿破仑·希尔时说："你的格言使我获得了一个想法，对你、对我都很有价值。"

这件事并未在拿破仑·希尔脑中留下特别深刻的印象，但从那天起，拿破仑·希尔可以看得出来，这件事在助手小姐脑中留下了极为深刻的印象。助手小姐开始在用完晚餐后回到办公室来，并且从事不是她分内的而且也没有报酬的工作。她开始把写好的回信送到拿破仑·希尔的办公桌上。她已经研究过拿破仑·希尔的风格。因此，这些信回复得跟拿破仑·希尔自己所写的一样好，有时甚至更好。她一直保持着这个习惯，直到拿破仑·希尔的私人秘书辞职为止。当拿破仑·希尔开始找人来补这位秘书的空缺时，他很自然地想到这位小姐。

但在拿破仑·希尔还未正式给她这项职位之前，她已经主动地接受了这项职位。由于她在下班之后，以及没有支领加班费的情况下，对自己加以训练，终于使自己有资格出任拿破仑·希尔的私人秘书。

不仅如此，这位年轻小姐高效的办事效率引起了其他人的注意，有很多人为她提供更好的职位请她担任。她的薪水也多次得到提高，最后已是她当初作为普通速记员薪水的好几倍。

一般人认为，工作任务需要老板分配和安排，自己去向老板争取或是主动做老板没有交代的事情，会显得多余，也是在给自己找麻烦，只要完成老板分配的任务就可以了。这种想法是片面和有害的。

对于一个优秀的员工而言，公司的组织结构如何，谁该为此问题负责，谁应该具体完成这一任务，都不是最重要的，他心目中唯一的想法就是如何将问题解决、如何完成任务，以及实现公司整体目标。

个人的主动进取精神很重要。所谓主动，就是老板没有要求你、吩咐你，你却能自觉而且出色地做好需要做的事情。一个做事主动的人，知道自己工作的意义和责任，并随时准备把握机会，展示超乎他人要求的工作表现。

在工作中，我们要消除"公司要我做些什么"的想法，多想想"我要为公司做些什么"。要主动承担责任，自觉执行任务，从"要我做"到"我要做"，比老板期待的做得更快、更多，才能将执行做到位，圆满地完成各项任务。

执行的回答只有一个字："是"

所谓军令如山，部队士兵在首长布置完任务的时候，伴随着英武的军礼的是一声干脆响亮的回答："是！"执行任务也应当如此，每当老板安排一个新的任务时，我们都要痛快地回答"是"，而不是"我考虑考虑""工作起来有些为难""还有让别人做吧""这个……"

王新在一次与朋友的聚会中激愤地对朋友抱怨老板长期以来不肯给自己机会。他说："我已经在公司的底层挣扎了十五年，仍时刻面临着失业的危险。十五年了，我从一个朝气蓬勃的青年人熬成了中年人，难道我对公司还不够忠诚吗？为什么他就是不肯给我机会呢？"

"那你为什么不自己去争取呢？"朋友疑惑不解地问。

"我当然争取过，但是争取来的却不是我想要的机会，那只会使我的生活和工作变得更加糟糕。"他依旧愤愤不平、义愤填膺。

"能对我讲一下那是什么吗？"

"当然可以！前些日子，公司派我去海外营业部，但是像我这样的年纪、这种体质，怎能经受得了如此的折腾呢？"

"这难道不是你梦寐以求的机会吗？怎么你会认为这是一种折腾呢？"

"难道你没看出来？"王新大叫起来，"公司本部有那么多的职位，为什么要派我去那么遥远的地方，远离故乡、亲人、朋友？那可是我生活的中心呀！再说我的身体也不允许呀！我有心脏病，这一点公司所有的人都知道，怎么可以派一个有心脏病的人去做那种'开荒牛'的工作呢？又脏又累，任务繁重而又没有前途……"他絮絮叨叨地罗列着他根本不能去海外营业部的种种借口！

这次他的朋友沉默了，因为他终于明白为什么十五年来王新没有获得他想要的机会，并且也由此断定，在以后的工作中，王新仍然无法获得他想要的机会，也许终其一生，他也只能等待。

推脱责任、寻找借口让我们暂时逃避了困难和责任，获得了些许心理上的安慰，可是，久而久之就会形成这样一种局面：执行任务时努力寻找借口来掩盖自己的过失，推卸自己本应承担的责任。

这样的人，在企业中不会成为称职的员工，也不是企业可以期待和信任的员工；在社会上也不是大家可信赖和尊重的人。这样的人，注定只能是一事无成的失败者。

在职场中，优秀的员工从不在工作中寻找任何借口，他们总是把每一项工作尽力做到超出客户的预期，最大限度地满足客户提出的要求，也就是"满意加惊喜"，而不是寻找任何借口推诿；他们总是出色地完成上级安排的任务；他们总是尽力配合同事的工作，对同事提出的帮助要求，从不找任何借口推托。做事情"没有任何借口"的人，他们身上所体现出来的是一种服从、诚实的态度，一种负责敬业的精神，一种完美的执行力。

雷厉风行，立即执行

中国人民解放军是一个素来以速度和执行力著称的团队。他们之所以具备这样的素质，都是因为这个团队奉行绝对服从的理念。他们雷厉风行，决不拖延时间，他们是一个个不折不扣的执行者。

我们在执行任务时也应当具备这样的态度和精神，一旦接受任务，就要立即去执行，而不是寻找借口，拖延等待。

王琳在一家大型建筑公司任预算员，常常要跑工地、看现场，还要为不同的老板修改工程预算方案。工作非常辛苦，报酬也不高，但她仍主动地去做，毫无怨言。虽然她是预算部唯一一名女性，但她从不因此喊冤叫屈，每次接到任务都是毫不迟疑、立即去做。

一天，老板安排她为一名客户做一个预算方案，时间只有两天。接到任务后，王琳立即开始工作。两天里，她跑建材市场，调查各种原材料的价格，又四处查询资料，虚心向前辈或同事请教。两天后，王琳把一份完美的预算方案交给了老板，她也因此得到了老板的肯定。现在，王琳已经成为公司预算部门的主管。老板不但提拔了她，还将她的薪水翻了两倍。后来，老板告诉她："我知道给你的时间很紧，但我们必须尽快把预算方案做出来。你表现得非常出色，我最欣赏你这种立即执行、积极主动的人！"

人性本身是放纵、散漫的，表现在对目标的坚持、时间的控制上做得不到位，不能按时完成任务。如果拖延已开始影响工作的质量，就会变成一种自我耽误的形式。

当你肆意拖延某个项目，花时间来削大把大把的铅笔，或者计划"一旦……"就开始某项工程时，你就为自我耽误奠定了基石。巧妙的借口，或有意忙些杂事来逃避某项任务，使得无法进行有效的复命，只能使你在这种坏习惯中愈陷愈深。今日不清，必然积累，一积累就拖延，拖延必堕落、颓废。延迟需要做的事情，会浪费工作时间，也会造成不必要的工作压力。

"立即去做"是一个良好的开端，它会带动我们更容易地去做更多的事情。在工作中接到新任务，要学会立刻着手去做，迅速去执行。只有这样，才能在工作中不断摸索、创新，一步步排除困难。如果一味地拖延、思考，只会在无形中为自己增加更多的问题，这将不利于自己在工作中做出新成绩。当然，为了更好地去做，我们可以分割目标，设定期限，并且及时检查督促自己的进展。

执行只有"这次"，没有"下次"

不少人在执行任务时，总是会徘徊犹豫，反复斟酌到底要不要做。这种矛盾的心理常常会让他们拖延，最终使得执行的目标离自己越来越远。

在执行中，有许多应该做的事，不是我们没有想到，而是我们没有立刻去做。可能是因为忙，比如一个事务繁忙的人，想到某一件事该做，但当时没有时间，于是想"等一下再说吧"，但等一下后又为其他事务分了神，最后就把这件事忘了。还可能是因为懒惰的恶习，比如有些人虽然不忙，可是他喜欢拖延。该做的事虽然想到，却懒得立刻着手去做，心想"以后再说吧"，可时过境迁，已经失去适当的时机了。或者客观因素的影响，比如常听人说："我知道今天该做这件事，但是今天我情绪不好、状态不好、条件不好，这样那样不好，还是以后再说吧。"这些理由都会导致无止境的拖延，最后造成了办事效率低下，也让本不该错过的机会失去了结果。

其实拖延就是纵容惰性，也就是给惰性机会，如果形成习惯，它很容易会消磨人的意志，使我们对自己越来越失去信心，使我们怀疑自己的毅力、怀疑自己的目标，甚至会使自己的性格变得犹豫不决，养成一种办事拖拉的坏习惯。

我们要想尽一切办法不去拖延。最好的办法是"逼迫法"，也就是在知道自己要做一件事的同时，立即让自己去执行。

也许在开始的时候，你会觉得做到"立即行动"很不容易，因为这样难免发生失误。但最终你会发现，"立即行动"的工作态度，会成为你实现个人价值的重要方法。当你养成

"立即行动"的执行习惯时，你就掌握了个人进取的秘诀。当你下定决心永远以积极的心态做事时，你就朝自己的成功目标迈出了重要一步。

"拿下美国客户非常难！"海尔洗衣机海外产品经理崔淑立接手美国市场时，大家都这么说，因为前任各产品经理在这位客户面前都业绩平平。崔淑立是一个喜欢挑战的人，绝不会轻易被困难吓倒。这天，崔淑立一上班就看到了客户发来的要求设计洗衣机新外观的邮件。因时差十二个小时，此时正是美国的晚上，崔淑立很后悔，如果能即时回复，客户就不用再等到第二天了！从这天起，崔淑立决定以后晚上过了11∶00再下班，这就意味着可以在当地上午的时间里处理完客户的所有信息。

三天过去了，由于崔淑立与客户能及时沟通，开发部很快完成了洗衣机的新外观设计图。就在决定把图样发给客户时，崔淑立认为还必须配上整机图，以免影响确认。她逼着自己和同事们"今天的事情必须在今天干完，绝不能拖到明天"，当她拿着众人努力的结晶——整机外观图发给客户时，已经是晚上12∶00了。大约凌晨1∶00，崔淑立回到家，立刻打开家中电脑，当她看到客户的回复"产品非常有吸引力，这就是美国人喜欢的"，顿时高兴得睡意全无，为自己的日事日清有效果而兴奋不已！

样机推进中，崔淑立常常半夜醒来打开电脑看邮件，可以回复的就及时给客户答复。美国那边的客户完全被崔淑立的精神打动了，推进速度更快了，客户第一批订单终于敲定了！

那些出众的人不会为自己的拖延寻找借口，所谓的情绪、效率等都不能成为你拖延工作、缓慢执行的理由，我们能做的就是尽快调整自己的状态，让自己去适应工作，而不是随着自己的心情去工作。

执行任务就是立即、马上、现在，只有"这次"，而不是等"下次"。

第 3 章

目标精准——充分理解上司的意图

豹子捕猎的精准度非常高，可以说是百发百中，它之所以有骄人的捕猎成绩，是因为它每次行动之前，总是先明确一个明确的捕猎目标，然后心无旁骛地追捕这个目标。

要做到精准执行，首先就要明白自己的目标是什么。我们的目标是什么呢？就是准确贯彻落实上级部署任务时的每一个思路、每一个行动方案。及时、清晰明白领导意图，是减少执行错误，精准执行任务的前提和保障。

明确大目标，执行有方向

为什么有的人在很短的时间里就能创造出很高的效率，而有的人忙忙碌碌却最终一事无成呢？关键在于他没有注意到所做的事情的方向性，他把精力消耗在偏离方向的不重要的事情上，从而做了一些无用功。他们在羡慕别人成功的同时，还往往不知道自己的失误到底在哪里。

不论做什么事，首先要明确方向，方向明确了，才能沿着正确的路径抵达目标，努力才有结果，做事才有效率。执行更是如此，方向明确是执行的关键点。执行之前一定要三思，明确你该往哪个方向走。

成功的人无论做什么事情，都把目标看得很清楚才开始行动。如果没有明确的目标，一味蛮干，是决不会获取成功的。

1. 聚焦目标

驰名中外的舞蹈艺术家陈爱莲在回忆自己的成才道路时，告诉人们"聚焦目标"的际遇："因为热爱舞蹈，我就准备一辈子为它受苦。在我的生活中，几乎没有什么八小时以内或以外的区别,更没有假日或非假日的区别。筋骨肌肉之苦,精神疲劳之苦,都因为我热爱舞蹈事业而产生。但是我也是幸福的。我把自己全部精力的焦点都对准在舞蹈事业上,心甘情愿为它吃苦,从而使我的生活也更为充实、多彩,心情更加舒畅、豁达。"反之,那些什么事情都想做的人,其实什么事都不能做,而终归于失败。

在工作中,执行任务要有明确的方向,不是凭着感觉走。否则,我们最终将被混乱控制。

2. 先确定方向再着手,方向比速度更重要

18世纪后半叶,欧洲探险家来到澳大利亚,发现了这块"新大陆"。1802年,英国派弗林达斯船长带船队驶向澳大利亚,想最快地占领这块宝地。与此同时,法国的拿破仑为了同样的目的也派阿梅兰船长驾驶三桅船前往澳大利亚。于是,英国和法国进行了一场时间上的比赛。

法国先进的三桅快船很快捷足先登,占领了澳大利亚的维多利亚,并将该地命名为"拿破仑领地"。随后他们以为大功告成,便放松了警惕。当他们发现了当地特有的一种珍奇蝴蝶时,为了捕捉这种蝴蝶,他们全体出动,一直纵深追入澳大利亚腹地。

这时候,英国人也来到了这里,当他们看到法国人的船只,以为法国人已占领了此地,非常沮丧。但仔细一看,却没发现法国人,于是船长立即命令手下人安营扎寨,并迅速给英

国首相报去喜讯。

等到法国人兴高采烈地带着蝴蝶回来时，这块面积相当于英国大小的土地，已经牢牢地掌握在英国人手中了，留给他们的只是无尽的悔恨。

法国人虽然提前到达了目的地，但是他们在没有完全实现目的时不小心偏离了自己的方向，导致功亏一篑，前功尽弃。

很多人在工作中，很少考虑工作的方向，不知自己最终要实现什么样的目标，得到什么样的结果。在行动的方向上，总是处于盲从的状态，而不是根据自己内心的愿望和目标来考虑问题，这样的结果会使自己对工作失去乐趣和激情，最终离成功的目标越来越远，甚至迷失方向。

逆着方向走一百步，还不如顺着方向走一步。因此，永远别为自己错误的付出惋惜不止，应该按着正确的方向加紧前行。

明确执行的方向，行动起来不仅节省时间，同时也有成效，从而避免忙忙碌碌而又毫无结果。一个最简单的做法，就是经常问一问自己：我的目标是什么？我的所作所为对实现目标是否有益？直到你实现这个目标为止。

领会上司意图是执行必修课

"差之毫厘，谬以千里。"这句话用来比喻工作中的执行效果，实在是再贴切不过。作为员工，在执行上级上司交办的工作任务和事项时，要全神贯注、严谨细致，执行任务、处理问题不能出丝毫差错。

在现实工作中，虽然很多人工作十分认真，但因为没准确领会上司的意图，而导致自己的工作不被认可，甚至给公司带来损失。

某公司来了几位外地的客户，上司指派同事小张去负责接待，还特别当着客户的面嘱咐小张，一定要照顾好、招待好客人。小张不仅安排客户吃饭、喝茶，还特意利用周末休息的时间，带着客户去游览八达岭长城，可谓尽心尽力。好不容易把人家送上了飞机，回到公司却被上司批评了一顿：这几个人都是普通员工，为什么招待得这么铺张？小张很委屈，心想：这不是您特意要求让好好招待人家吗？我这连周末都贡献出去了，非但没有获得表扬，怎么还被批评呢？

上面的情形并非是发生在哪一家公司的特例，而是我们平时工作中经常遇到的情形。作为员工，接受任务、执行任务，都要在准确领会上司意图的前提下进行。

这里所说的上司意图，是上司在布置工作、下达任务、做出指示时的本意或意向，希望达到的目标和效果，它是组织工作的出发点和归宿。它既反映了上司对某项工作的思想和要求，又体现了其独特的上司艺术、思维方法和处事原则，往往具有切中要害、揭示规律、触及工作本质的特点。

员工只有把上司的意图理解准、领会透，出谋划策才能对路、合理，执行任务才能准确、到位。

上司是公司和组织的领袖，员工不仅要准确领会上司的意图，更要弄清上司的真正本意，而不能似懂非懂，片面理解。上司的风格千差万别，有的习惯总体，有的喜欢具体；有的讲话很快，有的说话很慢；有的乐于直接表达，有的惯于委婉含蓄。关键是，有时你听到的是这个意思，可偏偏上司心里却是另一种想法，而这也是大部分上司都会有的工作风格——你听到的与上司的真实想法有一定的差距，这就全靠你能否正确领会了。

将上司的意图领会好、把握准，是做好工作、精确执行任务的一个最基本前提。

了解上司意图是每一位下属必修的一门功课，只有精通了这门功课，我们才能在与上司的交往中变得更为灵活，执行任务时才能有的放矢、把握好方向，才能准备无误地实现工作目标。

领会上司意图"四要"

由于上司交代工作、表述意图的时机、场合和方法不同，领会起来有难有易，方法也不尽相同。有的意图十分明确、具体，有的则比较笼统、模糊。

那么，如何才能准确地领会上司的意图呢？

一要注意从上司的言谈中捕捉。

上司的设想、主张，大都要通过言谈体现出来，所以无论是与上司一起检查工作、参加会议，还是在处理日常事务中，对上司的讲话以及主要观点和主张，都要注意倾听和理解，特别是对上司的口头交代，更要全面理解、反复领会。另外，对上司在各种非正式场合的谈话，平时比较零碎的看法、意见等，也要"善闻其言"，注意搜集。虽然这些一时可能用不上，但它往往是形成上司意图的重要过程和内容，把握它就能为及时、准确捕捉上司意图打下基础。

二要从上司的行为中发掘。

对上司意图的把握不仅要善于"听其言"，还要善于"观其行"。比如，这段时间上司比较关注哪方面的动态、去哪个部门调研等，注意从上司的行为表现中发现其思想和主张。

三要从上司的"办文"活动中揣摩。

无论是上司亲自撰写的文稿，阅读的各种文件、报刊的批示和阅示，还是为下级人员草拟材料提出的修改意见，都常常是上司对某一问题的思想和观点的反映。悉心研究上司的这些反映，就能从中把握其思想本质，洞察其意图。

四要善于站在上司的高度观察思考问题。

领会上司意图时，如果站在自己分管工作的局部看问题，往往导致理解层次偏低，得出结论片面。这就要求我们尽量做

到与上司同步思维，善于围绕上司的主要观点，按照其原有的
思路进行思考，并以此为主线反复琢磨、领会，把上司的思想
和意图拿准、吃透。

领会上司意图"四不要"

准确领会上司意图，除了要做到上述几点外，还应特别注
意克服和纠正以下几个问题。

一是受意时不要一知半解。

口头接受上司意图时，有的本来对上司意图一知半解、
似是而非，没有弄清上司的本意，但由于怕上司说自己理解能
力差、思维不敏捷，更不敢向上司提"为什么"，只好轻率违
心地回答"明白""是"，做出没有问题、坚决执行的承诺。
由于受意模糊不清，理解起来往往陷入困境，甚至"卡壳"。
有时之所以"出力不讨好"，在上司面前出现"这不是我的意
思"的难堪局面，受意不清是一个重要的原因。

二是理解时不要生搬硬套。

有的在理解上司授意时，习惯于照话直录、机械套搬，
从表面上孤立地去理解；也有的拘泥于只言片语，片面咬文嚼
字。由于理解不全面、不系统，缺乏连续思维和综合思考，往
往只能依葫芦画瓢，挖掘不出深层次的东西，最后也只能产生

出"半成品"。要创造性地领会好上司意图，就要努力提高思维层次，拓宽思维渠道，不断积累学习，否则就难以向上司交出满意答卷。

三是贯彻时不要唯命是从。

有的在理解上司意图时缺乏正确分析和深思熟虑，有顺风倒的现象，始终把自己放在被动的位置，上司说什么就是什么，建议不敢提，问题不敢指，很少发表自己的见解。事实上，绝大多数上司都是喜欢广开言路，博采众长的，只要问题提得准，方法适度，上司会虚心接受的。

四是处置时不要固执己见。

有的在领会上司意图时，服务思想树得不够牢固，不管上司好恶，喜欢用自己的"口味"取舍，把自己的意志强加于上司身上。更有甚者，认为自己水平高、能力强，对上司意图是"你按你的意思说，我按我的想法办"，这就更不对了。当自己的观点与上司意图有分歧时，最好适时提出有理有据的建议，供上司参考，最后还得上司定夺，不能先斩后奏、喧宾夺主，更不能我行我素、固执己见。

总之，准确领会、把握上司意图的过程，是一个在学习实践中不断摸索、积累、总结、提高的过程，不可能一蹴而就。我们必须坚持不懈地在干中学、在学中干，不断提高我们领会、把握上司意图的技巧，提高做好工作的本领，提高任务的执行质量。

竖直耳朵聆听上司吩咐

在上司委派任务时，我们应该仔细聆听，了解上司对我们的期望，以及为了实现目标上司有哪些具体要求。

在工作中也不难发现，很多员工在与上司交谈的时候，往往是紧张地注意着上司对自己的态度究竟是褒还是贬，构思着自己应该做出何种反应，反而没有真正去听上司所谈的问题，更没能理解好上司的话里所蕴含的暗示。这就会造成自己不能及时、准确地理解上司的意图，在执行任务过程中摸不清方向，工作中出现偏差和失误。

因此，认真、专注地倾听上司的谈话，是确保执行精准、到位的首要一步。

那么，怎样倾听才是正确的呢？

当上司讲话的时候，你要专心致志，排除一切杂念，不要埋着头躲着上司的视线，而要用眼睛注视着上司，对上司的发言表现出认真思考的样子。真正的倾听，是要用心、用眼睛、用耳朵去听的。我们不但要学会用耳朵倾听，还要学会用心去倾听。

1. 保持良好的精神状态

良好的精神状态是保证倾听质量的重要前提。如果让上司感觉到你的状态萎靡不振，上司就会认为你对他的谈话毫无兴趣，或者你根本不把他放在眼里。所以，在倾听上司说话时，要努力维持大脑的警觉，而保持警觉也会使大脑处于兴奋状态。

2. 要虚心听

倾听中要尊重上司的观点。特别是上司还没有充分地把自己的意思表达清楚的时候，不要轻易表态、乱下断语，也不要挑剔批评。

3. 要专心听

倾听时要精神集中，神情专注。应善于运用自己的姿态、表情、插入语和感叹词，如微笑、点头等，都会使谈话更加融洽。为表示自己注意倾听，要多与上司交流目光，上司讲话时要适时点头，并发出"是""对""哦"等应答。但不要轻易打断上司的谈话，也不要随便插话，若非插话不可，要先向对方表示抱歉，并征得对方同意，如"对不起，我可以提个问题吗"或"请允许我打断一下"。适时、适度地提出问题也是一种倾听的方法，它能够给上司以鼓励，有助于双方的相互沟通。

4. 不要随便打断上司讲话，要有耐心

倾听中要注意控制自己的情绪。有时会因为上司过长的发言或自己不感兴趣的话题而感到厌烦，这时要学会控制自己的情绪，不要使之表露出来，要耐心听他把话讲完，这是对上司的尊重。当上司由于情绪激动等原因，在表达时出现一些零散甚至混乱的局面，你都应该耐心地听完他的叙述。即使有些内容是你不想听的，也要耐心地听完。

倾听过程中，千万不要在上司还没有表达完自己的意思时就随意地打断他的话。即使你不同意上司的看法，也不要轻易打断他的谈话。如确有必要，须等上司讲完后再阐明自己的观点。

带上纸笔，随时记录上司讲话

上司在布置任务发表讲话时，通常是即兴的，不会从头再说。有时说话的内容较长，涉及的工作问题较多，如果只靠两只耳朵倾听就不容易记住上司讲话的全部内容，这就会给自己理解上司意图、执行任务造成困难和不便。

因此，在倾听过程中有必要做好记录，对上司讲话的重要内容和有疑问的地方要不时地做一下记录。

做记录要做到四点：一快、二要、三省、四代。

一快，即记得快。

字要写得小一些、轻一点，多写连笔字。要顺着肘、手的自然去势，斜一点儿写。

二要，即择要而记。

要围绕上司发言的中心、主题、要点做记录，记其发言要点、任务重点、主要结论，工作关系不大或不太重要的细枝末节可以不记。就记一句话来说，要记这句话的中心词，修饰语一般可以不记。如果记的句子较长，要注意前后意思的连贯性；也可断章取义，用短句分条记录重点内容。

三省，即在记录中正确使用省略法。

如使用简称、简化词语和统称。省略词语和句子中的附加成分，省略较长的俗语、熟悉的词组，句子的后半部分，画一曲线代替，省略引文，记下起止句或起止词即可，会后查补。

四代，即用较为简便的写法代替复杂的写法。

一可用姓代替全名，二可用笔画少易写的同音字代替笔画多难写的字，三可用一些数字和国际上通用的符号代替文字，四可用汉语拼音代替生词难字，五可用外语符号代替某些词汇，等等。但在整理记录时，应按规范要求，整理成规范的表述。

复述上司意图，达成共识

在听到上司的指令以及解释后，下属必须迅速做出回应，以让上司确信你已真正理解了他的意图，同时也可纠正自己对上司意图理解上的偏差。

如何准确、得体地回应上司、复述上司布置任务的要点，是一个技巧问题。有时候，你领会了上司的意思并表达出来后，上司会高兴地赞许："没错，我要说的就是这个意思。"

而有时候上司则会皱着眉头更正你："不对，其实我的意思是这样……"可见，准确地领会上司的意思，并且给予正确的回馈，难度不小。在确保正确领会的同时，还必须注意表达的方式。

总裁赵总对助理顾杰一向很欣赏，顾杰做事一丝不苟，不论赵总布置什么工作，他都能尽心尽力地完成，而且顾杰还是从赵总创业之时的助理，但顾杰几年来一直都没有升职，令许多同事感到不解。不能升职的原因在于，赵总并不相信顾杰具有统帅的才能。"每次我同他谈话、吩咐他去完成一项任务时，他总会重复我话尾的几个字。"赵总无奈地说，"比如我告诉他说'这件事请你明天办好'，他就会回答'明天办好'这几个字。一次没关系，但每次都是如此，让我觉得很烦。我明白他是在告诉我他已经了解了任务的要点，但这样的回答方式令我很不舒服。"

上司下达命令后，往往关注下属对任务的理解程度以及解决方案，他希望下属能够很快就对任务有一个宏观的把握，并且有解决问题的大致思路。作为下属，在接受任务之后，就应该立刻积极开动脑筋，对新任务有一个初步的思考和认识，尤其是要对任务的重要性、完成过程和存在的困难有充分的认识。在初步认识的基础上，不妨对上司简单谈谈你对工作任务的认识以及你的解决方案，而对于自己能力范围之外的困难，也要及时向上司说明，请上司协调解决。

记住，在与上司就工作任务沟通的时候，有效的复述通常包含两个部分：首先要简短地告诉上司"我已经明白了您的意思"，接下来就要把重点放在执行的解决方案上。

不明白之处要及时请教

对于上司的讲话内容、布置的工作任务，如果自己感觉没有理解透彻、把握不准或是有疑问的地方，就要适时向上司提问，问明上司的意图，与上司达成共识。

一个好的问题，其实对自己有非常大的帮助，可以改变上级对你的认可和更深的了解，可以帮你更好地和上级沟通，而且经常性地思考问题也能提升自己发现问题的洞察力，提高解决问题的能力，可增加对事务的把握，同时也能增长对未来决策的影响力。

有的员工在接受上司安排的任务时，实际上并没有弄清楚任务的本意，但是担心上司批评自己，或者给别人说自己工作能力差、理解能力弱，怕给上司留下坏的印象，从而不敢向上司问明白，更不敢说"为什么要这样，为什么不那样等"，而是违心地说"知道了""明白""好的"。然而，最终在执行任务过程中漏洞百出、问题丛生，很多事情都走了样，与上司的意图相离甚远，这样不仅浪费了时间和精力，也影响了大家的工作进度，耽搁了公司的经营计划。

因此，在工作中，不管上司布置什么任务，懂就是懂，会就是会，理解就是理解。不懂就要问。虽然问了，上司会说些其他的话，但是问过之后，问题你理解了、弄清楚了，工作起来就会得心应手，执行效率也会得到大幅提升。

有心的上司，都希望他的下属来询问。下属来询问，一方面，表示下属眼里有上司，相信上司的决定；另一方面也表示他在工作上有不明了之处，希望得到上司的回答，以减少工作上的失误。

如果员工假装什么都懂，一切事都不想问，上司会觉得"这个人恐怕不会是真懂"而感到担心，也会对你是否会在重大的问题上自作主张而产生担忧。上司一般只看最终结果，不在乎过程。所以该问的就要问，该向上司挑明的就要挑明，要问清上司对某一阶段、某项工作、某个环节的考虑和想法，这样才能尽量避免自己在执行任务过程中走弯路。

当然，向上司提问也有技巧，不要展示你的无知和胆怯，而是通过赞美上司来实现，比如："上司，你说的这个问题好高深，能不能再给我讲一讲？我保持执行到位，落实到底。"或者："这件事依我看这样做行不行，不知您认为应该如何？"等等。你说上司喜欢木讷、机械的下属，还是喜欢主动沟通的员工？

工作中，你有没有常常向上司询问有关工作上的事？或者是自己有什么问题，有没有跟他一起商量？

如果没有，从今天起，你就应该改变方针，尽量地发问。部下向上司请教，并不可耻，而且是理所当然的。

上司指示清晰具体如何执行

大多数上司在向下属交代工作时会给予明确地指示，包括具体的任务以及结果，呈现形式、任务执行人、任务完成的时间节点，甚至还有执行的细节。例如，公司王总对新入职的培训专员说："本周三傍晚6:00前把12月管理人员培训方案交给我，包括培训计划表和参加培训人员名单，你可以参考上年度的培训，结合11月实际培训情况进行。"

一般来说，下属会比较喜欢这种风格的上司，任务布置得清晰、明确。你只须按照要求去执行就好了，基本上不必思考该怎么做。

但是也会出现意外的情况。某公司曾发生过这样一件事情，上司说活动在12日开始，结果开始当日才发现上司说的和员工做的根本就不是一个活动，当时双方都认为任务很清楚了，活动理所当然就是自己正在重点忙碌的这个活动，结果却完全岔了。

当然，这样的情况不会常常见，但有时候上司安排的工作你会不了解，即便是你有所了解，不同的人对同样一个概念的理解也往往不一样。

这种情况下，可采取如下的处理方式：

正确理解+执行到位。

前面的案例中，专业的HR对"管理人员"的理解是有下属的人，主要涉及各个部门的负责人；但公司王总乃至整个公司对"管理人员"的定义却更加丰富，还包括管理职能和支撑职能线上的人，例如人资、财务、IT等各部门的专员。正确理解的方法就是把你的理解让上司知晓，甚至可以询问上司，你的理解是不是有错，是不是遗漏。

执行容易到位难，执行的时候尽量多问一些问题，这样能够发现某个现象的背后隐藏着一些小规则。工作任务上交永远不是最后一关，只有汇报给上司得到肯定后事情才真正结束，把方案放在上司办公室是不负责任的，你需要确认。

上司指示清晰不具体如何执行

多数上司在安排工作的时候，希望达到的目的都会比较清晰，或者我们称之为意图。因为上司明白自己的需求是什么，基本上也能够表达得八九不离十。多数的上司并不把指示具体化，只是交代总体的任务，例如要求"策划2015年年会""招聘技术人员上岗""处理客户投诉"等等。

探究原因可能有几种情况：一是上司没有必要事无巨细都向员工说明，你认为是他时间紧迫也好，认为是存在感作祟也好，没必要就是硬道理；二是上司不愿束缚你的思路，想给你一个发挥的空间，如果你做不成他要看看你差距有多大，如果你有新思路对公司和自己都好；三是上司未必了解任务的具体细节，也未必知道该怎么做，致命问题是"如果这些我都能解决，要你做什么"；四是培养你的思维方式和工作能力。

这种情况下，可采取以下处理方式：

正确理解+思路请示+方案沟通+执行到位。

上司给出的指示不具体，但这完全不代表上司不关注你的任务执行过程。

多数上司期望了解下属打算怎么工作，只有这样他们才能更准确地预测到结果尤其是潜在风险，那么也就能够有机会消除或提前应对。

我们在工作中常常犯的错，就是不告诉上司你的想法，甚至由于自己的擅自主张耽误了时间，影响了执行效果。

你可以在上司交代任务的时候，用最快的速度思考一下任务的关键点，并理出你的思路，然后向上司请示这样是否妥帖，多数上司不会在这时候拒绝给予指导。

对于重要的事情，在沟通完思路还需要出方案，因为方案比思路详细，包含的内容也更完整。值得一提的是，方案至少要出A方案和B方案，有必要的话还有备选的C方案，这样上司的决策才能更有效。就像购物，你拿着一件衣服很难说买还是不买，但营业员往往会拿两三套衣服让你对比，把"Yes"或"No"的问题转换成了选A还是选B的问题。

上司指示不清晰也不具体如何执行

上司在交代任务时，有时会出现一些意想不到的情境，让你感觉不知所云，一头雾水。例如：

你刚刚进门，上司就说："那个事情处理得不对……"

一个麻烦的老顾客前来和上司纠缠，他对你说："用我那最好的茶叶沏茶，十五的铁观音珍藏版，在1号柜。"可是你明知道1号柜是昨天才从超市买来的普通铁观音。

上司开会的时候，讲到一个不遵守规章的案例，说是你给发现的，他把目光看向你……

这一类比较琐碎，但也比较常见，往往都有可能发生的背景，最主要的特征是上司话里有话，关键看你是怎么听和怎么做的。例如上面三个案例，第一个上司很可能正在发火，这时候的关键不是辩解而是聆听，第二个上司的话是说给客户听的，第三个上司是希望你支持他的观点。

这种情况下，可采取以下处理方式：

找到矛盾点+合理分析+妥善应对。

这类事情一定有一个矛盾点存在，而且这个矛盾点让你大感困惑。

找到矛盾点，去分析上司制造这个矛盾点的背后原因是什么，是否在有意提醒你他很关注但没法说出口的东西。由于这类事情时效性强，容不得你再请示和汇报，所以一旦分析出真正的原因，你就要妥善地去处理。这种处理是有风险的，那么还得勇敢地承担其相应的责任。如果因此而做错事，一定能够得到一个很好的结论。例如上面第二个例子，你要是对着难缠的客户告诉上司，"十五年的铁观音在2号柜，钥匙你拿着呢！"，上司怎么办，把钥匙给你的同时还得说"看我这记性怎么这么差"，事后你肯定免不了被数落。所以，你务必得记住了，这个上司非常关注小费用，时刻记得为公司节省哟。

第 4 章

过程精准——将目标顺利导向结果

执行的环节林林总总、千头万绪，从哪里开始执行？先执行什么？后执行什么？如何分配时间和精力？如何与领导做好工作对接，确保执行按领导的意图预期进行？

执行任务之前，应制定一个清晰、严密、可行的计划和流程。这有助于我们认识工作的全貌，从全局着眼观察和掌控整个执行过程，不至于陷入顾此失彼的混乱状态，有条不紊、准确高效地实现目标。

把目标转化为执行计划

领受了任务，领会了上司的意图，是不是就可以开始执行了呢？先别忙，还要准备好一样东西——执行计划。也就是说，先要将执行目标转化为清晰、具体、可行的执行计划，然后按图索骥一步一步地去执行。

计划是一切工作的起点，没有计划，就如同大厦没有坚固的根基。如果没有计划性，执行任务时也会手忙脚乱，顾此失彼。虽说计划赶不上变化，但有了计划，工作才能有条不紊，制定计划将进一步提升执行效率。

做计划是精准执行的前提。只有充分地做好规划和准备，才能保证执行顺利进行。我们每次在解决问题之前，先要问自己："我是否做好了准备？""我还有哪些地方没有想到的？""我所准备的方案是适合自己的吗？是最佳的方法吗？是否真正地切实可行？"弄清楚了这些问题，执行起来就不会因为仓促而手忙脚乱，也不会因为遗忘某个步骤而重复工作。执行之前先准备，既不会耽误时间，同时还会获得事半功倍的效果。

原一平是日本著名的保险推销高手，也是全世界排名前十的保险推销员。他的销售秘诀之一，就是一个月有25天的时间去做准备，彻底了解顾客的背景，只有最后5天的时间与客户交易。而这5天的成交量却是全日本第一。

有一次，原一平去拜访一位董事长，他没有见面就谈买保险的事，而是在董事长家附近徘徊。当他看到佣人帮董事长把衣服送到洗衣店以后，随后他马上跑进去问洗衣店的老板："请问一下，刚刚这套西服、衬衫、领带是不是那个陈董事长的？我能不能看一看品牌，我对这个服装很有兴趣，我想知道在哪里买的，我也去买一套。"老板把衣服拿给他看，他看完以后跑去买到了一样的西服、衬衫和领带。

原一平利用的一个心理学效应，就是人都喜欢像自己的人。所以他要将自己的装扮尽量跟客户接近，尽量让对方觉得很亲切，没有距离感。

他穿上那一套早已准备好的服装再去拜访那位董事长，董事长见到面前和自己的装束一模一样的人感到十分惊讶。原一平这才表明自己的身份："我是明治保险公司的业务员，今天专程来跟您讲解有关理财的方案，只须占用你15分钟时间。"董事长看到这样一个很像自己的人，对他很有好感，立即热情地接待了他，最后顺利地为自己买了一份保险。

很多人因为事先没做足准备工作而匆忙上阵，走了很多弯路，经过多次尝试和修补，才将事情沿着正确的轨道有序地进行。也有很多人做事很勤奋，头脑也十分聪明，但效率很低，其中的原因也是缺少事前的谋划。做事勤奋是一个人的态度，而要想把事情做得妥善，还需要事先谋划的方法。只有把二者结合起来，才能减少失误，提高做事的效率。

凡事预则立，不预则废，前期的准备是十分重要的。要有针对性地对问题进行分析，如果缺乏周密的计划和安排，很容易导致失败。只有先对问题有个清楚地了解，才能逐渐探讨出解决之道。

事前多计划，执行不折腾

我们无论做什么事，都要有一个"先做什么，接着做什么，最后做什么"的先后顺序，这就是我们生活中的计划，只是我们没用"计划"这个词汇来表达而已。除了"先做什么，接着做什么，最后做什么"的先后顺序外，还经常说某人能办事，某人善于做事，能办事、善于做事是说他们做事情有计划、有方法，比别人做得更有效果，到底有哪些不同呢？可能是先后顺序不同，也可能是做事的内容不同。因此，计划就是做事方法，它不仅包括先后顺序，还包括做事的内容。

要想执行到位，就必须重视计划的作用。如果没有制定出可行的计划，执行工作时就会出现紊乱，就会无法到位。很多工作执行不到位，就是因为不按照计划办事造成的。

有的员工不以为然，认为按照计划的条条框框做，是自找麻烦，把一件简单的事情做复杂了。那么，你有没有想过，这些条条框框是如何来的呢？难道制定计划就是纯粹给自己制造麻烦吗？举一个交通上的例子，交通法规有两个非常明确的规定：严禁超载和疲劳驾驶。这两条规定从何而来？事实上，这是从历年的重大交通事故调查数据中总结出来的。

即使是已经执行了多年，现在打开电视和报纸，仍然经常看到由此原因导致的交通事故，且不说造成的经济损失，就是人员伤亡，让亲友如何承受？交通法规是因为它事关人命，所以需要人人严格遵守；而工作计划事关工作开展，这是组织的灵魂，执行的依据，所以需要人人遵守。如果编制的计划在某些地方确实不合理，它也不是一成不变的，而是可以按照适当的程序进行改进的。但是在改进的版本未发布之前，就要按照原有的要求执行，而不能以其需要改进为由不操作，否则不就是有法不依了吗？这叫尊重计划。

还有人说，计划是把人僵化了，但是实际上不是计划僵化了人，而是人在理解计划时把自己僵化了。理解了计划产生的背景，还要理解计划要求的每一步为什么要这样做，而不是那样做，这就要充分了解计划的目的。

原因就在于我们大部分人，执行观念不强，不尊重计划。

即使人人理解了计划的内涵，也不能保障每个人都这样做。

事实上，设定计划的最终目的是为了掌控进度，确保工作向着预期的方向发展，避免工作中不必要的周折，从而节省时间和精力，提高执行水平和工作效率。

因此，任何人都不能轻视计划，不按照计划办事。只有遵守计划，才能把工作更好地执行到位。

制定一份精准的执行计划

有些员工执行任务很积极，工作时也十分努力，然而执行的结果却收效甚微，业绩平平。原因在于，他们忽略了计划的重要性，执行任务之前没有制定一份系统完备的计划，在执行过程中不知道自己的最终目标在哪里，迷失了每天的工作方向。

没有计划，执行就会盲目无序。计划是执行的方向盘，合理、明晰、科学的计划是精准执行的前提。

合理的计划要求你充分掌握自己要面临的工作中的情况，并对工作进行正确认识，充分预测可能的问题和风险。

如果没有计划，面对老板交办的一大堆任务，你就会感到不知从哪里下手。所以，在执行任务前需要制定好工作计划，记下事情，排好顺序，明确重点，定下期限。每天都有目标，也都有结果。知道自己每天要去做什么，才能谈得上关注目标，才能发现各种复杂的因素是如何影响我们每个时刻的工作的。

从现在起，拿支笔来，将下面对你最有用的建议画条线，并且把这些建议写到另一张纸上，再将它放在你触目可及的地方，如此可有助于你完成改革行动。

（1）列出你立即可做的事。从最简单、用很少的时间就可完成的事开始。

（2）运用"切香肠"的技巧。所谓"切香肠"的技巧，就是不要一次吃完整条香肠，最好是把它切成小片，小口小口地慢慢品尝。同样的道理也可以适用在你的工作上：先把工作分成几个小部分，分别详列在纸上，然后把每一部分再细分为几个步骤，使得每一个步骤都可在一个工作日之内完成。每次开始一个新的步骤时，不到完成绝不离开工作区域。如果一定要中断的话，最好是在工作告一个段落时，使得工作容易衔接。不论你是完成一个步骤，或暂时中断工作，记住要对已完成的工作给自己一些奖励。

（3）在行事历上记下所有的工作日期。把开始日期、预定完成日期以及其间各阶段的完成期限记下来。不要忘了"切香肠"的原则：分成小步骤来完成。一方面能减轻压力，另一方面还能保留推动你前进的适当压力。

（4）保持清醒。你以为闲着没事会很轻松吗？其实，这是相当累人的一种折磨。不论他们每天多么努力地决定重新开始，也不管他们用多少方法来逃避责任，该做的事还是得做，压力不会无故消失。事实上，随着完成期限的迫近，压力反而与日俱增。所以，你千万不要拖拉，把今天的事留给明天去做，那样只会让你有更大的压力。

理顺程序，执行有章可循

企业的生存与执行到不到位有着直接的关系，而在执行的过程中，我们也要根据工作的流程、工作的轻重缓急和正确的步骤来执行。

首先，要遵循工作流程。一旦接到任务，脑子里应该时时刻刻存有工作，要遵循"目标—计划—执行到位—评估"的流程来进行执行。

其次，要分清工作的轻重缓急。执行工作时，一定要考虑优先顺序，先做最重要的事，然后才做比较急迫的工作，万万不可先做自己认为好做或自己喜爱做的事，如此，可能会将重要的事耽搁，造成真正应该执行的事情没有执行到位的情况发生。

最后，要按照正确的步骤做事。在执行某一工作时，最好依以下步骤来进行，以获得事半功倍之效。

（1）接受工作指示或命令。一般员工做某一工作时，会接到上司的工作指示。这时候，不能只听上司所交代的，还要明确地掌握住工作目的才行，所以员工要深思的事情：工作目标是什么？为什么必须达到这个目标？何时达到？如何做会更好？

（2）收集有关的资料、情报。即收集与工作的计划、执行等相关的文件、资料、情报，而且对于情报的选择，要有判断。

（3）考量工作的步骤与方法。越是需要花长时间工作的事情，越需要依照工作的步骤与流程来做，这样才比较有效率。

（4）决定工作的步骤与方法。不妨从所拟定的几个方案中挑选较合理的，决定时应该考虑到"更早、更好、更轻松、更便宜"这几项因素，再做筛选。

（5）制定行事表。

（6）实施时须留意。确实依照所计划的步骤和方法去做，很有自信地去执行，时时审核实际进度和预定计划的差距，必要时修改所定计划。

（7）检讨与评估。从品质、期限、成本等层面，将工作的结果和当初的计划做一下比较，如果不能达到预期结果，就应该找出其原因。

（8）做完后，向上司报告结果。

像这样按步骤来完成工作，那么精准执行、执行到位就不是一件困难的事了。

先执行什么，后执行什么

老板交办的任务一项接一项，我们每天都有许许多多的事情等着去做。如果我们不分主次地进行工作，那么到头来不仅"丢了西瓜"，很有可能连"芝麻"也没有捡到，使一些本来可以"生出效益的时间"白白地浪费掉。

但很多时候，我们总是被习惯束缚着自己的手脚，在执行任务时总是根据任务的紧迫感，而不是以任务的优先程度来安排先后顺序，这样的做法是被动而非主动的。

有效执行的一大秘诀就是设定优先顺序，分清主次，按重要程度执行。

对于如何分清主次、大幅度提高工作的执行效率，可以借鉴以下两个判断标准：

1. 明白我们必须做什么

要搞清这项工作是否现在必须做、非做不可，如果是，就立刻去做，马上执行，一分钟也不拖延。

2. 明白如何去做才能给我最高的回报

应该用80%的精力做能带来最高回报的事情，而用20%的精力做其他事情。

所谓"最高回报"的事情，即符合"目标要求"或自己会比别人做得更高效的事情。最高回报的地方，也就是最有生产力的地方。这要求我们必须辩证地看待勤奋。勤奋，在不同的时代有其不同的内容和要求。过去人们将"三更灯火五更鸡"的孜孜不倦视为勤奋的标准，但在快节奏高效率的信息时代，勤奋需要新的定义了。勤要勤在点子上（最有生产力的地方），这就是当今时代"勤奋"的特点。

前些年，日本大多数企业家还把下班后加班加点的人视为最好的员工，如今这观点却有所变化了。他们认为一个员工靠加班加点来完成工作，说明他很可能不具备在规定时间内完成任务的能力，工作效率低下。职场只承认有效劳动。

通过以上两层过滤，事情的轻重缓急就很清楚了，然后，以重要性优先排序。坚持按这个原则去做，你将会发现，再没有其他办法比按重要性办事更能有效利用时间了。

当然，除了要强调优先重要，还要强调长远重要。强调长远重要，即强调做"不急迫却重要而长久的事"。

工作中，我们会遇到很多这样或那样的事情，虽然有些都不是眼前最急迫的事情，但是对于长远、大局来说却有着重大的意义。有些人舍不得在这类事上花费时间，与长远计算的总账相比很不划算。

就执行效率而言，要兼顾长远性与急迫性，要高度重视对眼前虽不紧急但有深远影响事务的处理。

分清轻重缓急，执行举重若轻

　　按照工作的轻重缓急来执行，需要走出一个思维的误区，这就是秩序的误区，我们在编工作的先后次序之时，所考虑的往往只是工作的"缓急"，而不是工作的"轻重"。我们可以把每天待处理的工作分为三个层次，一是今天必须做的工作；二是今天应该做的工作；三是今天可以做的工作。

　　许多人以工作的紧急性来确定做事情的优先顺序，他们优先解决对现在的目标来说最紧急的事情。然而，通常事情除了紧急性，还有重要性。而我们往往都会专注于事情的紧急性，而忽略了一些重要的事情。

　　一个正为了一年后的公务员考试努力念书的人，为了赶赠品截止时限，而特地将赠品明信片拿到邮局寄。公务员考试还在一年后，而明信片的截止日就在明天。在此情况之下，多数的人都会将较紧急的明信片优先处理。

　　但是，从长远的眼光来看，好好地准备明年的公务员考试应该是较重要的。假定考试失败，不仅会损失一年的时间，而且会损失不少金钱。因为通过公务员考试后，一年可以赚更多的钱，这和去邮局寄明信片所得到的几百元赠品相比，不用细说也应该知道哪个更重要吧！

　　可是，很多人还是会先去寄明信片。将紧急而不重要的事列为优先，重要的事却往后拖，其结果，到了明年就可能因准备不充分而无法通过公务员考试。

可见，我们应先好好地掌握住比较重要的事，若还有时间，再去做那些较不重要的事。

抓住工作的重点，只要勤于研究，你就会发现，优秀员工都已经培养出了一种习惯，那就是找出那些最能影响他们工作的重要因素。由于他们已经掌握了秘诀，知道如何从不重要的事实中抽出重要的部分来。因此，他们做事情时往往事半功倍。

在工作中要实现你的主要目标，出色地完成老板交代的任务，就要学会分清轻重，把力气使在关键处。

支配时间，掌握执行主动权

执行任务的过程环节众多，同时也会出现各种各样的问题，如果我们没有时间观念，工作战线拉得太长，执行的时间过长，那么执行就毫无效率可言，精准执行也就成了空谈。

低效的工作会占满所有的时间。一位闲来无事的老太太为了给远方的外甥女寄一张明信片，可以足足花上一整天的工夫。找明信片一个钟头，查地址半个钟头，写信一个钟头零一刻钟，然后去邮局究竟要不要带把雨伞出门，这一考虑又花了二十分钟。一个效率高的人在三分钟内可以办完的事，另一个人却要操劳整整一天，效率低下不说，最后还免不了被折磨得疲惫不堪。

执行必须讲效率，要提升效率就要珍惜时间、善于支配时间，使每一分钟都发挥出最大的效用。珍惜时间、做好时间管理，是精准执行的一个重要方法。

那么，如何利用时间高效率地执行任务呢？

1. 制定时间控制表

如果你能制定一个高明的工作进度表，那你一定能真正掌握时间，在限期之内出色地完成老板交付的工作，并在尽到职责的同时，兼顾效率和质量。一位成功的职场人士说："在一天中最有效的时间之前制定一个计划，仅仅二十分钟就能节省一个小时的工作时间，牢记一些必须做的事情。"

2. 给自己定个期限完成任务

某公司的销售员小范给每天的工作制定了计划，并严格按照计划去完成，即在规定的期限内必须做完某件事才能下班。经理十分看好这名认真做事的销售员，小范也没有辜负经理对他的信任，出色地完成了每一项工作。

其实，小范在刚进公司时并没有什么工作经验，而且在同时进入公司的同事中也不算是能力最强的。经过一段时间的努力，小范的业绩上来了，他给自己规定每天必须拜访5个客户，从开始到现在，从来没有哪一天拜访的客户少于5个。小范认为，每天的工作就是一个积累的过程，只有给自己限定期限，才不会滋生偷懒的行为，也不会用各种借口为自己开脱，因为那样不但会耽误工作，自己的业绩更不可能提高这么快。

很多人在工作中取得成绩并非因他的天资多么聪颖，运气有多么好，只是在于他的自制力更强。能管住自己的人，对自己约束力较强的人，会在一定的期限内完成任务甚至超额完成，而爱找借口的人即使有期限约束，也会在借口的掩饰下"违规"。

3. 挤出点滴时间

时间对于每个人来说都是公平无私的，只要你愿意，放开地去挖掘时间的潜力，扩大时间的容量，就能挤出更多的时间去做更多的事。对于职场人士来说，就能够多、快、好、省地完成任务。

我们每天只要挤出微不足道的一分钟，一年就可以挤出大约六小时的时间。如果每天能挤出十分钟，那就是相当可观的一个数字了。由此可见，时间的弹性是很大的，只要我们善于挤时间，便能大大增加时间的容量。用于可支配的时间越充裕，我们执行任务就越不会感到紧张、慌乱，就越能有将工作做细、做透，就能做出更多的成绩。

4. 善于利用零碎的时间

成功的时间管理者总能把任何一个空闲的时刻都利用起来。利用零碎时间，随时随地都可以做到。比如，在衣袋里或手提包里，经常不忘携带一些东西，如图书、笔和小记事本，这样你就可以在乘公交车上下班时，不会无所事事地空耗时间了。"集腋成裘""聚沙成塔"一样适用于时间。

掌握时间管理的技巧，驾驭好时间，就能防止每天陷于杂乱的事务中，保证按正常速度执行任务，有条不紊地开展工作，实现精准执行的目标。

执行任务时要多向老板汇报

在执行过程中，主动、及时地向老板汇报工作中的情况是非常有必要的。

如果下属不及时汇报，老板就不能对下属的工作做出正确的判断，也不能做出正确的指示。相反，如果能够得到及时汇报，老板就可以随时了解工作的进度，从而抓住工作的重点和问题所在，及时做出相应的调整。因此，对员工来讲，主动汇报工作不仅是一项应尽的义务，更是加快工作进度、促进企业发展的润滑剂。

在一个企业里，除了老板之外，所有人都是下属。不管你是高级管理者还是普通职员，作为下属，要养成主动汇报工作进度的习惯，让老板了解你为企业所付出的一切。汇报工作是下属的义务，也是下属的日常工作。许多员工正是在汇报工作中脱颖而出，从而获得老板的赏识与重用的。

在现代职场中，就有一些人低估了请示与汇报的重要性，在该汇报的时候不汇报，在不该说话的时候随便说话，不该做主的时候随意做主，从而给老板留下了极坏的印象，也让自己付出了不守"规矩"的代价。

某内衣生产公司的方先生，想做一个内衣广告，便打电话给上海一家广告公司的李经理，那天李经理恰好不在，是办公室新职员佳汝小姐接的。"麻烦你转告李经理，我这里需要设计一个内衣广告。"佳汝小姐想也没多想，就爽快地说："这个啊，没问题！你派人过来和我们洽谈一些具体操作事宜就可以了。"

方先生刚要动身来上海时，就接到上海广告公司李经理的电话："对不起！方先生，您来电话的时候我不在，您是要做内衣广告吗？我们将派人到您那里去，将您的具体要求带回来，不用劳烦您过来了。"停了一下，李经理又说，"对不起啊，我想知道是哪位小姐说叫您派人来我公司的。"方先生愣了一下，问道："有问题吗？"李经理说："当然没有问题，我只是想知道，到底是谁自作主张。"尽管方先生没有告诉李经理那位接电话的小姐是谁，据说李经理还是查出来了，并对佳汝小姐做了严肃的处分。

这个故事表面看来，是一个对自己的工作权限认识不清楚、自作主张的问题，但实质上它是一个典型的关于汇报问题的案例。从效果上来说，佳汝小姐的安排与广告公司李经理的安排并不会造成多大的不同，她的问题顶多也就是处理方式不符合企业的习惯而已。企业期望佳汝向自己的上司汇报情况后，再由上司决定具体的处理方式，由于佳汝没有养成汇报的习惯，她为此而付出了代价。

千万牢记，执行任务中遇到自己难以确定的事情时不要自作主张，更不要等出了纰漏才想到去找老板。当你在处理一件很棘手的任务时，首先必须先向你的老板汇报，让他知道你目前的工作处境，并给你以及时的指导和帮助，从而避免和杜绝错误。

及时汇报，征求老板意见

汇报具有时效性，及时的汇报才能让老板了解你工作的进展情况，才能发挥出汇报最大的效力。

在执行任务过程中，不管工作成效如何，都要做到及时向老板请示和汇报，凡事多多征求老板的意见。尤其是发生变动和异常情况时更应及时汇报，以得到老板的明确指示，获取问题的解决方案，确保执行向着正确的方向发展。

作为公司员工，要尽量在老板提出问题之前主动汇报，即使是要花费很长时间才能完成的工作，也应该在中途提出报告，让老板了解工作是不是依照计划进行了，如果不是，需要做哪些方面的调整。这样一来，即使工作无法依原计划实现目标，你让老板知道了事情经过，也不至于过于受到责难。并且凡事都要注重汇报的速度，汇报的速度越快越好。不管是好消息还是坏消息，都要及时汇报。如果错过了时机，所有的汇报就会失去价值。汇报一迟，老板的判断也跟着迟了，这样一来，你工作中的失误就会难以弥补，执行的任务就会半途而废，不仅影响到你自身的业绩，也影响到公司的整体发展计划。

不少员工都是报喜不报忧，对于坏消息迟迟不敢汇报，特别是失败的原因是由自己引起的，那就更不敢讲出来了。其实遇到这种情况时，绝对不可以隐瞒，如果一拖再拖也许真的会导致无法弥补的严重后果。

请示、汇报工作对接受任务的人来说，是一种应尽的义务。无论从哪一个方面说，不及时汇报的人都不是老板所喜欢和器重的人，这样的员工也是难以取得成功的。

在你执行一件任务时，应提前请示老板一下，在执行任务过程中也要不断地汇报工作的进展情况，让老板对你的工作进程及执行状况有个清晰地了解。

当你的工作已经取得了初步的成绩，即将进入一个新的工作阶段时，十分有必要向老板汇报自己前一阶段的工作和下一步的打算。这时，你可以多多征求老板的意见，以便他了解你的工作成绩和将来的发展，并给予必要的指导和帮助。

作为下属，应当及时向老板请示和汇报，征求老板的意见和看法，把老板的意见融入到工作中去。这样既可以避免在工作中犯错，又可以博得老板的赏识。而且工作中遇到关键的问题，多向老板汇报和请示是下属主动争取表现的好办法，也是下属精准执行老板意旨、做好每一份工作的重要保证。

主动汇报，减少执行失误

有的员工存在一种错误的认识，认为自己有工作失误时不必及时向老板汇报，只要自己事后弥补了失误就没什么大不了的。

话虽这么说，但是你如果能在出现工作失误时不仅仅只是在想办法弥补，而是能够做到第一时间就让老板知道你的失误，或许你处理失误的过程中就会轻松得多，因为你也会在第一时间得到老板的帮助，而不仅仅是批评和指责。所以，即便是你在执行任务过程中出现了失误，你也要及时向老板汇报。

及时汇报自己在执行任务中的失误，能够充分地体现出你对待工作的责任感。要知道世界上没有不必承担责任的工作，工作就意味着责任。

钱弘毅大学毕业后应聘到一家大公司工作，刚开始他被分配到总部的行政部门工作，每天处理一些零星琐碎的公司事务。就是在这样一个看上去并不怎么起眼的部门，却云集了许多硕士甚至博士等高学位的尖端人才，这让钱弘毅感到压力很大。

　　渐渐地，钱弘毅发现部里的许多员工都很傲慢，架子也似乎一个比一个大，他们都仰仗着自己学历高、资历深而忽视了身边一些实质性的工作。大多数人整天不是寻思着怎样享乐就是热衷"第二职业"，并不把自己的工作当回事，甚至在出现工作失误时也从来都不汇报。当钱弘毅问及此事，很多人都回答说："这种失误算得了什么啊？明天上班再解决也不迟，告诉老板那简直是愚蠢至极。"

　　而钱弘毅却觉得工作中有失误并不是什么大不了的事情，即使失误再小，失误终归是失误，自己必须要承担起来并及时向老板汇报。

　　一天，钱弘毅要复印一份文件，当她摁动机器的复印按钮时，纸卡在机器里出不来了。这种情况在其他同事使用时，也经常出现，但钱弘毅并没有像其他同事那样将纸硬拽出来，而是跑到老板的办公室报告了自己的"失误"，并说明卡纸的问题经常出现。他说自己咨询过有关人士，认为是这台复印机有问题才会经常出现卡纸的现象，所以请示老板是否可以请复印机厂商的客服人员过来彻底检查一下，如果有问题修好了，大家就不必在复印文件上浪费太多时间了，而可以把时间利用到工作中去。

　　老板一听是复印机的事，本来还觉得钱弘毅小题大做呢，结果听他这么一说，觉得有理，就听从了钱弘毅的意见。当复印机厂商客服认真地检查后，果然发现复印机出了问题才导致经常卡纸的现象出现。老板见此，不禁对钱弘毅有了较为重点的关注。

钱弘毅正是凭借这种劲头，一头扎进工作中，从早到晚埋头苦干，因为自己的汇报还经常被老板要求加班加点。但没过多久，钱弘毅却成了部里的"顶梁柱"，并逐渐受到老板的重用。如今，钱弘毅已经是该公司某一大区的主要负责人之一。

世界上最愚蠢的事情是推卸眼前的小责任，认为工作中的一点小失误根本无足挂齿，等到自己弥补了失误，完成了工作再向老板汇报也不迟。长此以往，小失误不汇报就会变成大失误，待到小责任不承担逐渐演变成大责任无法承担的时候，我们就追悔莫及了。

人不可能不犯错误，在你执行任务中出现一些失误是不可避免的。无论你犯的失误是大还是小，重要的是你要能做到及时地向老板汇报并做出检讨，然后尽自己最大的努力想办法去解决它。

如果你习惯了无论出现大小失误都能及时向老板汇报，你就能习惯从自己或者是别人的失误中吸取经验、教训，并在今后的工作中及时避免发生同类的错误。

主动地向老板汇报自己的工作情况，不管是好的方面还是坏的方面，让老板知道你都做了些什么，这是精准执行、高效执行的保证，也是对老板的一种尊重，更是让你成为一名优秀员工所应具备的素养。

早汇报，多汇报，勤汇报

在职场中，员工或下属向老板汇报工作，是常见的工作程序之一，是确保任务得到精准执行的重要保障。

原则上说，只要是老板直接交办或委托他人交办的工作，无论大事小事，无论工作的结果是否圆满，均应向老板如实做出相应地汇报。

一个善于执行的员工必然是一个善于汇报工作的人，因为在汇报工作的过程中，他能得到老板对自己最及时的指导，从而更快地成长；同时，在这一过程中，他还能够与老板建立起牢固的信任关系。

很多时候，做老板的总是为不知道员工在做些什么而烦恼。所以，你一定要主动向老板汇报你的工作成果。

经常性地向老板汇报工作，既可展现你的勤劳和能力，还能及时求得老板的指教，进而不断修正自己努力的方向，减少失误。

有一个叫小宙的小伙子，是一家酒店的销售员，颇得上司的赏识。他能得到上司的青睐，一方面是因为业绩突出，还有另一方面的原因就是小宙每做完一笔单子，都会以书面的形式总结出这项业务成功与失败的原因，并及时向上司汇报。上司对此非常满意，尽管有些单子完成得不是很出色，但从来没有责备过他；相反，还会给他提出一些建议。

向上司汇报自己的工作总结，既能显示出你对上司的尊重，也容易让上司看出你的进步，哪怕只是很小的进步。

有些员工喜欢独立完成工作，在执行的过程中几乎不跟老板沟通，结果常与老板的意图发生偏差，甚至造成严重失误，最后要么被公司解雇，要么戴罪立功，赔偿损失。所以，在日常工作中，要养成经常与老板进行沟通、交流的习惯，及时向老板汇报工作，做到早汇报、多汇报、勤汇报，有问题要马上同老板商量对策，并将工作报告写得详实、清楚，切忌敷衍了事。

向老板汇报工作时的注意事项

向老板汇报工作并不是一件随便说说的事，汇报什么、如何汇报，是需要一定的技巧和方法的，否则就会适得其反。

通常来说，向老板汇报工作时需要把握以下几点事项：

1. 及时汇报不好的消息

对不好的消息，要在事前主动报告。越早汇报越有价值，这样老板可以及早采取应对策略以减少损失。如果延误了时机，就可能铸成无法挽回的大错。报喜不报忧，这是多数人的通病，特别是失败是由自己造成的情况下。实际上，碰到这种情况，就更加不能隐瞒，隐瞒只会造成更加严重的后果。

2. 要在事前主动报告

有的员工做事总是很被动，一般是在老板问起相关事情的时候才会提出报告。殊不知，当上级主动问到这件事时，很可能是因为事情出了问题，否则上级是不会注意到的。下属应遵循这样一个原则：尽量在上级提出疑问之前主动汇报，即使是要很长时间才能完成的工作，也应该有情况就报告。以便老板了解工作是否按计划进行；如果不是，还要做出什么调整。这样，在工作不能按原计划达到目标的情况下，应尽早使老板知道事情的详细经过，就不至于被责问了。

3. 全权委托的事也要报告

在老板已经把事情全权委托给你办的情况下，不仅要和老板仔细讨论各种问题、请示相关情况，还要及时汇报各种相关事宜。一般情况下，老板把稍微有些难度的工作交给下属去办，是训练年轻员工最有效的办法。老板在做出各种布置后，一般会在一旁详细观察，在这种情况下，员工最好把事情的前因后果详细地向老板汇报。

4. 汇报工作时要先说结果，再次说经过

书面报告也要遵循这一原则。

这样，汇报时就可以简明扼要，节省时间。

5. 汇报工作要严谨

在工作报告中，不仅要谈自己的想法和推测，还必须说正确无误的事实。如果报告时态度不严谨，在谈到相关事实时总是以一些模糊的话语，如"可能是""应该会"等来描述或推测的话，就会误导老板，不利于老板做出正确的决策。所以在表明自己意见的时候，最好明确地说"这是我的个人观点"，以便给老板留下思考空间，这样对己、对老板都会大有裨益。

6. 忌揽功推过

下属向上级汇报工作，无论是报喜还是报忧，其中最大的忌讳是揽功推过。所谓揽功，即把工作中不属于自己的成绩往自己的功劳簿上记。不少人想不开其中的道理，他们在向老板汇报工作时，往往有意夸大自己的作用和贡献，以为用这种做法就可以讨得老板的欢心与信任。实际上多数老板都是相当聪明的人，他们并不会因为你喜欢揽功，就把功劳记到你的账上去的。即便一时没有识破你的真相，他们也多半会凭直觉感到你靠不住。因为人们对言过其实的人，多是比较敏感的。

所谓推过，就是把工作中因自己的主观原因造成的过错和应负的责任，故意向别人身上推，以开脱自己。它给人的印象是文过饰非、不诚实。趋利避害是人的天性。揽功推过却是人的劣根性。不揽功、不推过，是喜说喜、是忧报忧，是一种高尚的人品和良好的职业道德的体现。采取这种态度和做法的人，可能会在眼前利益上遭受某些损失，但是从长远看，必定能够站稳脚跟，并获得发展的机会。

7. 恭请老板评点

当你向老板汇报完工作之后，不可以马上一走了事。聪明的做法是主动恭请老板对自己的工作总结予以评点。这也是对老板的一种尊重和对他比你站得高、看得远、见识多的能力的肯定。

千万不要忽视请示与汇报的作用，因为它是你和老板进行沟通、明确工作方向的主要渠道。你应该把每一次的请示、汇报都做得完美无缺，这样你在执行中就会减少失误，将工作做得更加到位，合乎要求。

第 5 章

结果精准——用绩效证明工作价值

执行的一个重要内涵就是结果决定一切。即使你在执行中付出了很多努力，但是最终没有完成任务，还是等于没有执行。以结果评判执行力，是对个人执行力的最佳评价方法。

　　一切的行为只为成功的结果，所有的执行都为最后的结果。执行的意义不仅表现在执行的过程上，更多的是重在结果。精准执行，就要用结果说话，用业绩证明你的工作价值。

执行讲效率，结果论成败

当我们对中国古代的《孙子兵法》津津乐道的时候，往往忽略了一个基本的事实，那就是《孙子兵法》的作者并没能统一天下。在我们对三国故事中的诸葛亮佩服得五体投地的时候，也忽略了这样一个事实：最后一统天下的并不是诸葛亮以及他所扶助的蜀国。执行任务和行军作战都是一样的道理，纸上谈兵解决不了任何问题。

不论你执行什么任务，也不论你在执行中付出了多少努力，如果你的执行没有结果，任务没有得到切实的完成，那么你的执行就是无效的，努力也是白费的。

执行讲效率，结果论成败，以结果为导向是精准执行的重要原则。强调结果，就是强调一个人的努力、能力必须体现在其业绩上，衡量一个人的能力和业绩主要是看执行结果，以执行结果论成败是其根本体现。

那么，该如何理解"执行讲效率"呢？

现代人都已经认识到了"时间就是金钱"。高效率的工作就是对时间最好的尊重。在面对既定的工作和任务的时候，任何人都必须坚定不移地执行。而不应当在执行中寻找借口，或推诿扯皮，影响执行的效率和执行的进展。作为企业的员工，要明确企业既定的工作和任务是管理层集体智慧的结晶。我们对待每一项工作、每一个具体的任务，第一反应都应该是我们将如何一步一步地去完成它，而不应该在接到工作和任务的时候，先是考虑这样的工作和任务有没有意义，或者认为这不是自己分内的工作。要明白，在企业内部，每一个人都是企业的组成部分，工作并无分内、分外之说。

再让我们解读什么是"结果论成败"。

执行只是过程，关键还是要看结果。在执行的过程中，尽管速度很快，也迈出了实质性的步伐，甚至整个执行的过程可以说看起来完美无缺。但是，真正追求的不是执行的过程，而是执行之后的结果如何。执行之后的结果是不是达到了预期的目标是判定执行力强弱的重要依据。简而言之，就是对于工作和任务，不但要去做，而且要做好。

之所以特别强调"结果论成败"，是因为执行不是纸上谈兵，更不是过过场而已，也不是说你的计划书写得有多好，有多么完美，就能够立竿见影，获得成效。如果没有达到好的结果，实现预定的目标，执行的过程看起来再完美，也没有任何意义。

执行力决定工作成败，决定企业兴衰。企业的成功离不开好的执行力。为了企业的长久发展，每个员工都要提升执行能力，不折不扣、一丝不苟地执行，按时、保质、保量完成工作任务。只有这样，企业才能发展得更好，个人才能得到更多的机会，实现更多的梦想。

精准执行要以结果为导向

在处处讲求实际，讲求成果的当代，人们已经越来越依赖于通过结果来评定一个人的行为价值。因为只有结果才是可触的，无论你在执行任务的过程中如何努力，如果没有结果，那么很难证明这段过程的存在。以结果为导向是一种重视结果的思维方式，它善于发现和分析问题，且有很强的质量控制意识、强烈的责任心和敬业精神。

1. 有结果，才有生存

现代社会，无论是企业或是个人，在其成长奋斗的历程中都是靠结果生存的，我们依靠对所得结果的评定，确定这是个成功的企业或者卓越的人才。所以，没有结果就不能生存，这成了一条毫无疑问的硬道理。

生存靠的是结果，不是理由。以那些知名企业为例，使它们一直立于不败之地的，并不是它们的名牌效应导致了成功的结果。人们不会仅仅因为它们是名牌产品而去购买，更多的是因为它们的产品满足了人们的使用欲望。所以，是结果创造出了理由，理由进一步促进结果，是这样的良性循环才使企业越来越强大。

华为在中国被誉为"狼性文化"的代表，既然是狼，就是使用狼性手段来追求结果。"选我不选你"就是华为的核心竞争力。据说华为驻某地的办事处主任，为了和一个大客户的领导拉上关系，平时非常留心观察对方。当时这位领导正在学车，但练习车很少，练车的人却很多，领导要排队等上一两个月才能轮到，这位主任知道情况后，四处托关系，在当地借了一辆崭新的轿车，趁周末的时间把车开到这位领导那里，陪同一起练车。当时的场地由于刚下过雪，还没有融化完，场里泥泞不堪，加上这位客户还不怎么会开，车子刚进到练习场就陷进了一个结冰的泥坑中，怎么也出不来了。这个主任二话不说，脱了鞋袜跳到泥坑里就去推车，陪同的华为人也纷纷脱了鞋袜推车。当时是严寒时节，这几名华为员工赤脚踏在冰水里，可是他们却感到很欣慰，为了成功拿下这个项目，付出这么多也是值得的。

个人的生存和发展也是相同的一个道理。无论做什么事，必须以结果为导向，用一个结果来评定它的意义，毫无结果相当于这件事情没有发生。

2. 以结果为导向

在执行中，我们要真正做到"以结果为导向"，需要从以下几个方面对自己进行严加要求：

（1）以实现目标为原则，不为困难所阻挠。

（2）以完成结果为标准，没有理由和借口。

（3）在目标面前没有体谅和同情可言，所有的结果只有一个：是或者不！

（4）在具体的目标和结果面前，没有感情、情绪可言，只有成功或者失败！

（5）在工作和目标面前，没有"人性"可言，因为客观世界是没有"人性"可言的，再大的困难也要"拼"！

（6）你的事情没有做成，那就走人吧！同情有什么用？你需要同情做什么？一个老板找不到订单怎么办？

（7）在客观的困难和异常那边，你可以有一千个理由、一万个原因、十万个无能为力、百万个尽心尽力，可是在结果面前来讲，却只有一个简单的结果：做还是不做？

（8）在结果导向面前，我们常常不得不"死马当活马医"，我们不会轻易放弃，因为放弃就意味着投降。

（9）事情没有搞定便表示你的产品没有卖出去，你也就没有营业额，难道你可以下班了吗？产品没有卖出去便没有钱，那你下班回家靠什么吃饭？

一手奉献忠诚，一手奉献业绩

利润是企业得以生存和维系的基本前提，不能为企业创造利润的员工对企业而言是没有任何价值的。因此，绩效就成为评价员工的重要标准。一切用结果来说话，不能实现高绩效的员工只能被淘汰。

不要责怪老板不讲情义，企业经营的目的就是为了获取利润，这是企业得以发展的根本。所以，老板看重忠诚，更看重业绩，这是在情理之中的。

美国成功学家拿破仑·希尔曾聘用两名年轻女孩当助手，替他拆阅、分类信件，薪水与从事相关工作的人没有差别。两个女孩对待工作也都忠心耿耿。但其中一个虽忠心有余，但能力不足，就连分内之事也不能很好地完成，结果遭到解雇。

另外一个女孩常自动自发地干一些并非自己分内的工作。例如，替老板给读者回信。她仔细研究拿破仑·希尔的语言风格，以至于这些回信和老板自己写得一样好，有时甚至更好。她一直坚持这样做，丝毫不在意老板是否注意到自己的努力。终于有一天，拿破仑·希尔的秘书辞职，在寻找合适人选时，拿破仑·希尔自然而然地首先考虑这个女孩。

老板无不希望自己的员工能创造出出色的业绩，而绝不愿意看到员工工作卖力却毫无成效。任何一位明智的老板都希望自己的员工精明能干，如果自己的员工都属于平庸之辈，那么这位老板自然会备感苦恼。如果员工没有能力帮助老板，对老板而言又有什么价值呢？

在公司最需要人才的时候，如果有一个忠诚且有能力的员工出现，使自己公司的业绩一下子得到提高，那么老板一定会放心地任用这样的员工去完成一项更艰巨的任务，并有可能重用他。

无论从事哪一项工作，一定要把自己训练、培养成一个称职的人，只有多掌握一些必要的工作技能，才能在自己所选择从事的终身事业中，保证高绩效。工作是人的天职，履行这个天职最为重要的是要有相关的技能，没有好的技能，就不能算是称职的员工。

在企业里，如果你掌握了必要的工作技能，将会提升自己在老板心目中的地位。可以创造高绩效的员工，在老板的心目中，是不可替代的。

事实表明，既能对老板忠心耿耿又业绩斐然的员工，是最令老板看重的员工。如果你在工作的第一阶段，总能找出更有效率、更经济的办事方法，那么你将会被提拔，将会成为老板重点培养的对象。因为出色的业绩，已使你变成一位不可取代的重要人物。如果你仅仅忠诚，却总无业绩可言，那么对公司的价值就十分有限，即使老板想重用你也会无可奈何地放弃。更进一步讲，再有耐心的老板也很难容忍一个长期无业绩的员工。

功劳重于苦劳，业绩高于一切

无论做什么，到最后都只能拿业绩说话，这是衡量执行力水平最直接的证明。评价每个人工作好坏的标准是拿业绩说话，要实现自我发展就必须出业绩，其他的一切都没有说服力。

企业考核员工的标准只有一个，那就是业绩。唯有业绩才能体现一个员工的价值，业绩是最能说明一切的。一直以来，许多企业都遵循"论功行赏"原则，员工有机会通过不断提高业绩水平及对公司的贡献而获得加薪。

日本的某企业，有一个著名的"烧档案运动"。就是员工过了试用期，公司当众把此员工的档案全都烧了，让大家忘记你来了多长时间。你是硕士、博士后还是中专生都没有关系，大家都在一个起跑线上，按照今年的目标往前冲，看谁达到最终结果，目标完成得最好，谁就是第一。而你前面的资历、你干活的态度，并不是评价你业绩的重要因素。

很多世界级企业，每到年终就会进行以业绩为主的员工排位，排在前列的员工春风满面，而排在后面的不但脸面无光，还随时会有被老板解雇的可能。这当然怪不得老板，面对严峻的生存形势，老板只能如此。

对员工而言，通过一系列财务数据反映出来的工作业绩，最能证明你的工作能力，显示你的执行力度，体现你的个人价值。

工作的时间越长，越能显示自己的勤奋，有些人就是这样认为的。其实，工作效率和工作业绩才是最重要的，整天忙忙碌碌地"苦劳"但不见"功劳"，并不是有效的工作者。

用结果说话，用业绩证明能力，不仅是公司对员工的要求，更是市场对企业的条件。企业固然需要员工具备奉献不已的"黄牛精神"，可是如果员工误以为这就是公司的最终要求，并进而以此自居为功臣，那等待他的将是很不乐观的下场。道理很简单，如果员工取得的业绩微乎其微，给企业创造的利润少之又少，那么整天在公司里忙得团团转，又有何实际意义？

员工业绩匮乏，就失去了继续工作的资格；公司利润淡薄，就丧失了立足市场的理由。所以说，假设让公司对员工只提一条工作要求，那绝对是用业绩说话！反过来，如果员工想得到加薪、升职等诸多优遇，那最有说服力的武器也必将是用业绩说话！没有业绩，一切无从谈起。

作为员工，无论你其他方面如何，工作业绩都是首要的。唯有实践成果才是证明一个人的文化知识、能力的最好依据。

出色的业绩，是你立于不败之地的真正王牌。无论你充当什么角色，只要能把自己的岗位工作做到尽善尽美，把任务执行得精准到位，就能出业绩，就能受到公司和老板的重用。

关注结果，让执行出成果

美国福斯特公司总裁格里·福斯特讲了一个简单的故事，从这个故事中，你也许能对怎样为结果负责做出比较清晰的分辨。

作为一个公众演说家，福斯特发现自己成功最重要的一点就是让顾客及时见到他本人和他的材料。

事实上，这件事情如此重要，以至于福斯特管理公司有一个人的专职工作就是让他本人和他的材料及时到达顾客那里。

"最近，我安排了一次去多伦多的演讲。飞机在芝加哥停下来之后，我往公司办公室打电话以确定一切都已安排妥当。我走到电话机旁，一种似曾经历的感觉浮现在脑海中：

"八年前，同样是去多伦多参加一个由我担任主讲人的会议，同样是在芝加哥，我给办公室里那个负责材料的琳达打电话，问演讲的材料是否已经送到多伦多，她回答说：'别着急，我在六天前已经把东西送出去了。''他们收到了吗？'我问。'我是让联邦快递送的，他们保证两天后到达。'"

从这段话中可以看出，琳达觉得自己是负责任的。

她获得了正确的信息（地址、日期、联系人、材料的数量和类型），她也许还选择了适当的货柜，亲自包装了盒子以保护材料，并及早提交给联邦快递，为意外情况留下了充足的时间。

但是，正如这段对话所显示的，她没有负责到底，直到有确定的结果。

格里继续讲他的故事：

"那是八年前的事情了。随着八年前的记忆重新浮现，我的心里有些忐忑不安，担心这次再出意外，我接通了助手艾米的电话，说：'我的材料到了吗？'"

"'到了，艾丽西亚三天前就拿到了。'她说，'但我给她打电话时，她告诉我听众有可能会比原来预计的多400人。不过别着急，她把多出来的也准备好了。事实上，她对具体会多出多少也没有清楚地预计，因为允许有些人临时到场再登记入场，这样我怕400份不够，保险起见寄了600份。还有，她问我你是否需要在演讲开始前让听众手上有资料。我告诉她你通常是这样的，但这次是一个新的演讲，所以我也不能确定。这样，她决定在演讲前提前发资料，除非你明确告诉她不要这样做。我有她的电话，如果你还有别的要求，今天晚上可以找到她。'"

艾米的一番话，让格里彻底放下心来。

艾米对结果负责，她知道结果是最关键的，在结果没出来之前，她是不会休息的——这是她的职责！

所有的领导都渴望能找到像艾米这样的雇员为他们工作。

执行任务必须拿结果说话，只有结果才能证明你的执行是否精准到位、是否卓有成效。

凡是能够做到精准执行的员工，都是高度关注结果、并为得到结果付出全身心努力的人。他们关注于结果，并想尽一切办法去获得结果。他们只关心结果，对影响和阻碍得到结果的困难和问题会想方设法去克服、去解决。他们只在意是否做了正确的事情，而不会为花了精力和资源没能带来积极结果的事情推脱责任。

精准执行，拿结果说话

在这个越来越讲究速度的快节奏时代，我们每天都在看似很忙的工作状态下做着各种各样的事务，可是最后一盘算，很多天来并没有做成过几件事，更不敢保证说哪件事做得无可挑剔。大多数的情况下，我们只是要求自己尽量地少出差错。

联想集团的理念是"不重过程重结果，不重苦劳重功劳。"他们将重视结果作为核心理念之一，强调了结果和实现目标的重要性。我们不仅要做事，更要把事情做好，把事情做成，力求有一个好结果。试想，如果我们每天都做大量的事情，解决众多的问题，却一个结果也没有落实，每件事、每个问题都有头无尾，那还是说明没有做完事、没有解决掉问题。这样搁置的问题和工作就要留到第二天甚至更长的时间来继续解决不断重复解决残留的问题和工作势必会严重影响整体的工作效率。所以，把事情做得有结果，对问题有个明确的答复，对我们的工作很重要。

很多企业都把业绩作为一个重要的考核目标，业绩就是一种结果。那些在职场上只顾穷忙、苦干的员工越来越得不到认可和欣赏，而让业绩出色、效率倍增的聪明的工作方法才是每个职场人所需要学习的。

领导安排同样性质的一件工作给小王和小刘去做。小王每天提早上班，推迟下班，连周末都不休息，尽管他忙得身心憔悴，结果还是没有达到领导的要求。领导每次接到小王的工作结果汇报，都皱着眉头不满意甚至对他严加批评。

而小刘却和小王不同。小刘从不需要加班加点，每天只是把该做的事情都做好，力求每一件事都有一个完美的结果再着手下一件事，而不会像小王那样老想一口吃个胖子，事情虽然做得不少，可结果没有一个合格的。小刘每天报告给领导的都是好的进度与消息，领导也非常高兴和满意。不久小刘得到了提升，小王却还在手忙脚乱地忙乎着以前搁置的工作。

我们执行任务不能光求低头苦干，还要讲求结果和效益。插上效率和效益的翅膀，才能腾飞得更高。

将执行着眼点放在"结果"上

有位老总曾经苦笑着说，他的公司里来了个新会计，做报表的态度很认真，报表的格式也做得漂漂亮亮，整整齐齐三张纸。可惜，报表上的数据与实际发生额相差甚远，不仅老板看了一头雾水，就连她自己对报表上的原始数据的来源也都说不清楚。于是，这张报表也就成了一张废纸，在公司管理层做决策时一点参考作用都没有。

很多员工有一个思想上的误区，认为自己只要完成了老板交代的任务，就是创造了业绩，得到了结果，实际上并不是这样。任务只是结果的一个外在形式，它不仅不能代表结果，有时还会成为我们工作中的托词和障碍。

工作不简单地等同于"做"，而是要"做对""做好"，在完成任务的基础上追求更高层次的结果。只满足于"完成任务"的员工不是一个好员工，不是一个主动执行、高效执行的员工。

你也许会迷惑，已经完成任务了怎么还不算好员工？这就需要我们对"执行"一词进行深层次地解析。长久以来，人们都将"执行"等同于"做"，以为只要去"做"就算"完成任务"了，以致造成了很多棘手问题。所以我们说，只满足于"完成任务"的员工不是好员工，好员工应该出色地完成任务——得到办事的结果。

姜汝祥先生在其著作《请给我结果》一书中举了一个"九段秘书"的例子。

总经理要求秘书安排次日上午九点开一个会议。通知到所有参会的人员，然后秘书自己也参加会议，这是任务。下面是秘书的九个段位的具体做法。

一段秘书的做法：发通知——用电子邮件或在黑板上发个会议通知，然后准备相关会议用品，并参加会议。

二段秘书的做法：抓落实——发通知之后，再打一通电话与参会的人确认，确保每个人都被及时通知到。

三段秘书的做法：重检查——发通知，落实到人后，第二天在会前30分钟提醒与会者参会，确定有没有变动，对临时有急事不能参加会议的人，立即汇报给总经理，保证总经理在会前知悉缺席情况，也给总经理确定缺席的人是否必须参加会议留下时间。

四段秘书的做法：勤准备——发通知，落实到人，会前通知后，去测试可能用到的投影、电脑等工具是否工作正常，并在会议室门上贴上小条：此会议室明天几点到几点有会议。

五段秘书的做法：细准备——发通知，落实到人，会前通知，不仅测试了设备，还事先了解了这个会议的性质是什么，总裁的议题是什么。然后给与会者发去与这个议题相关的资料，供他们参考（领导通常都是很健忘的，否则就不会经常对过去一些决定了的事，或者记不清的事争吵）。

六段秘书的做法：做记录——发通知，落实到人，会前通知，测试设备，提供相关会议资料，在会议过程中详细做好会议记录（在得到允许的情况下，做一个录音备份）。

七段秘书的做法：发记录——会后整理好会议记录（录音）给总经理，然后请示总经理是否发给参加会议的人员，或者其他人员。

八段秘书的做法：定责任——将会议上确定的各项任务，一对一地落实到相关责任人，然后经当事人确认后，形成书面备忘录，交给总经理与当事人一人一份，并定期跟踪各项任务的完成情况，及时汇报总经理。

九段秘书的做法：做流程——把上述过程做成标准化的会议流程，让任何一个秘书都可以根据这个流程，把会议服务的结果做到九段，形成不依赖于任何人的会议服务体系！

从以上九个不同段位的秘书的做法中我们可以看出，执行并不是只有一个结果，不同执行力的人给出的结果也不同。但无疑，九段秘书给出的结果才是最具执行力的体现。

所以，对于每一个员工来说，在做执行任务时不能将目光只停留在"完成任务"上，应该看得更长远一些，将执行的着眼点放在"结果"上，而且，最好是一个能够创造价值的好结果。

执行重行动，更要重结果

对结果负责是精准执行的内涵之一。一个优秀的员工懂得：执行到底，用出色的成果向老板复命。只有这样，才能保证执行力，才能胜任本职工作。

比起夸夸其谈，美军西点军校更看重实际行动、努力追求完美结果。麦克阿瑟本人便是这样的。

1899年6月13日，麦克阿瑟来到西点军校报到。当时他已是一个风流倜傥、潇洒漂亮的小伙子，被人称为"军校有史以来最英俊的学员""典型的西部牛仔"。有人说他像王子一样神气，黑头发，黑眼睛，即使只穿游泳裤，别人也能一眼看出他是个军人。为了管住这位漂亮的士官生，使之不受风流韵事的干扰，其母亲也一同跟着来到西点，住在学校附近的一家旅馆里，一陪就是两年，直到丈夫从菲律宾回国后，她才离开儿子。在母亲的督促下，麦克阿瑟进步飞快。

麦克阿瑟善于在群体中树立自己的形象，竞争越激烈，他越能脱颖而出。在学业上，他比班上其他人更用功，常在熄灯号吹过、瓦斯停止供应后，他还点着蜡烛读书。为了不被察觉或不影响他人休息，他就用军毯把床围起来。由于他思维敏捷、反应快，加之学习用功，其接受能力、理解能力、背诵能力和表达能力都很强。第一学年结束时，在全班134名学员中，麦克阿瑟的成绩名列第一，并得到与一位四年级学员同住一个寝室的优待。因为四年级学员允许比其他年级的学员晚休息一个小时，这样麦克阿瑟就多了一个小时的学习时间。在其后的三年中，麦克阿瑟的学习成绩除第三年降到第四名外，其他均为全班第一。到毕业时，他的总成绩平均为98.14分，据说是二十五年来西点学员所取得的最高成绩，在以后的许多年里也无人能够超越。

麦克阿瑟不但在文化课方面出类拔萃，而且在军事训练和体育运动上也表现不凡。由于从小在军营里长大，他在耳濡目染中掌握了一定的军事知识和训练技巧，因此他的军事科目样样优秀，无可匹敌，尤其擅长射击和骑术。他是学校棒球队的一员，曾赢过多次比赛。他还加入过足球队和橄榄球队，曾担任橄榄球队的领队。

麦克阿瑟在西点军校的另一引人注目之处是他所展示的领导才能。他曾连续三年获得同年级学员中的最高军阶：二年级时任学员下士，三年级时任第一上士，四年级时任全学员队的第一上尉和第一队长。在西点军校百年史上，获得学员第一上尉和毕业成绩第一这一双重荣誉的，在他之前只有三个人。

麦克阿瑟在第一、第二次世界大战中也有卓越的表现。在第一次世界大战中，他率领的彩虹师战功卓著，他本人也成为大战中受勋最多的军官之一，是被提升为准将的最年轻的军官之一。

西点人明白，胜利是最好的说明。唯有卓越的成绩可以说明一切。所以西点的教官十分注重向学员灌输结果意识，让所有的学员明白全力以赴、夺得第一，才能带来荣誉。

在公司工作与在部队打仗一样，都是以结果为导向的。

我们在公司工作，脑子里千万不能有这种思想：你安排我做这件事，我就做了这件事，我只对事情的过程负责，我不对结果负责。但公司真正想要的并不是做事的过程，公司要的是这件事的结果！从事同样的工作，结果才是考核优劣的重要标准。工作不仅要去做，更要做成、做好。

只有具备结果思维且不断创造功劳的人，才能有更好的发展！

按时、按质、按量精准执行

大家都知道，在军队中，每当首长向士兵发出一项命令时，士兵们都会毫不犹豫地接受，响亮地回答："保证完成任务！"他们接受了命令，以"保证完成任务"为己任，不怕困难，完美地执行了任务，充分地体现了战士坚决执行命令、排除万难完成任务的勇气、精神和品质。

作为员工，我们也应当具备这样的精神。对于老板交代的任何一项任务，都要勇于回答"保证完成任务"。保证完成任务，意味着面对一项任务，没有任何借口，必须执行到位！

保证完成任务，是精准执行到位的一大要点，其含义是对上级布置的任务，不折不扣地全部做好。要把任务完成，确保执行到位，必须达到三个标准：按时、按质、按量。三者缺一不可。

一家外贸公司的老板要到美国办事，且要在一个国际性的商务会议上发表演说。他身边的几名要员忙得头晕眼花，甲负责演讲稿的草拟，乙负责拟订一份与美国公司的谈判方案，丙负责后勤工作。

在该老板出国的那天早晨，各部门主管也来送行，有人问甲："你负责的文件打好了没有？"

甲惺忪睡眼地说道："今早我熬不住就睡了四个小时。反正我负责的文件是以英文撰写的，老板看不懂英文，在飞机上不可能复读一遍。待他上飞机后，我回公司把文件打好，再以电讯传去就可以了。"

谁知转眼之间，老板驾到，第一件事就是问这位主管："你负责预备的那份文件和数据呢？"这位主管按他的想法回答了老板。老板闻言，脸色大变："怎么会这样？我已计划好利用在飞机上的时间，与同行的外籍顾问研究一下自己的报告和数据，这不白白浪费坐飞机的时间了吗？"

天！甲的脸色一片惨白。

到了美国后，老板与要员一同讨论了乙的谈判方案，整个方案既全面又有针对性，既包括了对方的背景调查，也包括了谈判中可能发生的问题和策略，还包括如何选择谈判地点等很多细致的因素。乙的这份方案大大超过了老板和众人的期望，谁都没见到过这么完备而又有针对性的方案。后来的谈判虽然艰苦，但因为对各项问题都有细致地准备，所以这家公司最终赢得了谈判。

谈判结束，回到国内后，乙得到了重用，而甲却受到了老板的冷落。

在上面的故事里，甲与乙所承担的任务都与老板的事务密切相关，但是甲却在执行的最后一个环节疏忽了老板行程安排上可能会有的变故，不但耽误了老板的工作，给公司带来了麻烦和损失，也破坏了自己在老板心目中的形象。而乙完备且周详的方案则显示出乙在执行过程中按时、按质、按量的责任意识。其实，同甲相比，乙不过是在执行中稍微"到位"了一点而已，其结果却大不相同。

在工作中，绝对不能满足于"做了"这一点上。满足于"做了"，不仅浪费资源，更可怕的是自欺欺人，既有可能耽误自己的前途，也有可能给公司发展造成影响乃至使公司产生被动和危机。

"保证完成任务"并不是一句简单、冒失的口号，而是一种说出来就必须做到的承诺。

不计代价，使命必达

1971年，弗雷德·史密斯怀着勃勃雄心创立了联邦快递公司。2004年，联邦快递的营业额已经达到224.87亿美元，在

《财富》杂志全球500强中排名第221位。众所周知，军队的执行能力都很强，这对曾经是美国海军陆战队员的弗雷德·史密斯着力打造执行型企业有着深刻影响。从公司建立之日起，弗雷德·史密斯就把"不计代价，使命必达"这一信念深深烙刻在员工心中，为了做到"使命必达"，他们不顾成本，不惜一切代价，也要把包裹送到收件人手中。所以无论寄送地多么偏僻，无论包裹价值高低，只要接过客户的包裹，就必须"使命必达"，即使运送成本远远高于客户给予的费用。

作为一个企业，再伟大的目标与构想，再完美的操作方案，如果不能强有力地执行，最终只能是纸上谈兵。联邦快递在与其他快递公司做着同样的事情，只是比别人做得好、落实更到位、执行更有效果，所以它更受顾客的认同，自然也获得了更大的成功。

执行，很多时候就是一种坚持到底的信念，有了这种信念，才能不计代价，使命必达。抱有这种执行态度的人，在执行工作的过程中，他们从不会因为遇到困难而停止脚步，更不会在困难面前退缩，而是勇敢地去面对，积极想办法。他们清楚，只要积极主动地面对工作中的困难，就一定可以找到排除困难的办法。

张浩是一家电气公司的市场总监，他曾讲述自己刚刚从事营销工作时的感人经历。张浩原来是公司的生产工人，1992年的时候，他主动请缨，申请加入营销行列。当时，公司正在招聘营销人员，经理便同意了。

那时，公司还很小，只有30多个人，面临着许多要开发的市场，公司却没有足够的财力和人力。因此，张浩只身一人被派往西部一个市场（其他市场，也只派出一个人）。在这个城市里，张浩一个人也不认识，吃住都成问题，但心中"使命必达"的责任感使他丝毫没有退缩。没有钱乘车，他就步行，一家一家地去拜访，向他们介绍公司的产品。他经常为了等一个约好见面的人而顾不上吃饭，因此落下了胃病。他住的地方是一家被闲置的车库，由于只有一扇卷帘门，而且没有电灯，晚上门一关，屋子里就没有一丝光线，倒有老鼠成群结队地"载歌载舞"。

那个城市，夏天经常下冰雹，冬天则经常下雨，对于一个物质匮乏的推销员，这样的气候无疑是沉重的考验。有一回，张浩差点被冰雹击晕。

公司的条件差到超乎张浩的想象，有一段时间，连产品宣传资料都供不上，张浩只好买来复印纸，自己用手写宣传资料，好在他写得一手好字。

在这样艰难的条件下，人不动摇是不可能的。但每次动摇时，张浩都对自己说：这是我的使命，我必须完成。一年后，派往各地的营销人员回到公司——当然，其中有六成人员早已不堪工作艰辛而悄无声息地离职了——张浩的成绩是最好的。

最好的员工自然能得到最好的回报。三年后，张浩被任命为市场总监，这时，公司已经是一个拥有几万人的大型企业了。

这个事例是一个很好的关于执行态度的案例。面对同样的困难，大多数营销人员选择了放弃，而张浩却不畏困难，设法去制造机会，并最终通过努力成功地打开了市场，同时也改变了自己的职业生涯。

任何事情的完成都不是一帆风顺的，所以执行的路上很可能荆棘密布，然而困难并不可怕，可怕的是在困难面前失去前进的勇气。就像未战先怯的士兵，没到战场就已经丧失了战斗力，这样的士兵不是称职的士兵，这样的员工也不是称职的员工。

践行"罗文精神"，用结果复命

1898年4月，美国和西班牙战争爆发后，美国总统威廉·麦金莱必须立即和西班牙的反抗军首领加西亚将军取得联系，以便了解西班牙军队在古巴岛的情况，从而制定行之有效的作战方略。但加西亚在古巴丛林里作战，神出鬼没，没人知道他的确切所在。一个名叫罗文的中尉接受了这项看似难以完成的任务。这项任务很明确，就是要把美国总统的亲笔信交给加西亚将军，至于怎么找到加西亚，一点儿线索都没有。罗文孤身一人辗转前往古巴，四天后的一个夜里，他在古巴上岸，消失于丛林中。最后，他历尽千辛万苦，凭借勇气、机智、责任心和不屈不挠的意志，终于把信交给了加西亚。

在罗文身上，体现了一种职业精神——忠诚、责任、创造性的执行力。

长久以来，"罗文精神"已经成为了敬业、服从、执行的象征。其实，在这些优秀品质背后，还蕴藏着大多数人所没有意识到的更深刻的理念：创造性地执行并完成上级交办的任务，用最好的结果向上级复命。

任何企业都希望自己的员工能成为罗文一样的人。作为员工，不能只是机械地执行上级交办的任务，更不能回避工作中的困难和问题，而应开动脑筋，积极思考，寻找一切可能的方法去解决问题，迅速、及时、高效、圆满地完成任务，用最好的结果向上级复命。

有一家银行，分别贷巨款给四位20岁的青年，条件是他们必须在三十年内还本付息。

第一位青年心想，突然有了一笔款，可以放松了。于是工作得过且过，敷衍了事。还不到五年，他的钱就花光了——他一无所得。这位青年的名字叫"懒惰"。

第二位青年很兴奋，每天忙忙碌碌，恨不得每周工作八天！但是他办事不用脑子，差错不断……虽然他付出的劳动比别人多，但得到的却很少。勉强坚持到第十一年，还是赔了本。他的名字叫"蛮干"。

第三位青年小心谨慎，凡事服从，总是等到命令才动手。常常临时抱佛脚，结果事倍功半，累死累活才在三十年后还上本钱。他的名字叫"盲从"。

第四位青年工作积极，他懂得准备的重要，因此工作效率很高。只有他，不仅在第十个年头上就还本付了息，还可以拿出余款贷给别人。谁都知道，他的名字叫"效率"。

当年，给他们贷款的银行，叫"工作银行"。

其实，每一个人的工作都是人生的贷款，是要自负盈亏的。

任何一个企业都不需要像第一位青年那样的员工，他都不能为了自己而自动自发，又怎么能期待他为别人服务呢？

同样，"蛮干"和"盲从"类型的员工也不能给企业带来益处，他们的行为只能让事情变得更糟。

在忠诚、敬业、主动的基础上，并能创造性地完成工作任务，才是"罗文精神"的核心。

"罗文精神"就是服从命令、忠诚敬业、积极主动、追求卓越的执行精神，是全力以赴、排除万难、创造性完成任务的精神。这种精神正是我们今天所要倡导的执行精神，也是社会发展所需要的精神。

作为公司的员工，无论你在什么部门、什么岗位，从事什么工作，都需要围绕终极目标积极探索执行的途径，这是提高执行力更高层次的表现。

我们更要发挥自己的聪明才智，依据工作环境和形势的变化，努力适应新形势，发挥自己的主观能动性，精准、灵活、高效地完成上级交办的一切任务。

第 6 章

方法精准——如何完成比难更难的事

执行要动手、要行动，更要用脑、用方法。一个努力执行任务的人，可以打 60 分，而一个既努力执行又善用方法执行任务的人，才可以打 100 分。讲究方法，执行事半功倍；缺少方法，执行事倍功半。

在这个追求效率的时代，做事要讲技巧，执行要讲方法。执行任务的过程，同时也是问题产生的过程。问题要解决，靠什么？靠方法。用对方法做对事，完成比难更难的事。

没有如果，只有如何

　　经常看到一些员工悔恨地对自己说："如果我没有做这或那就好了……如果当时的环境不那么糟糕，我肯定能把这项任务做好……如果别人不这样不公平地对待我的话……如果主管给我安排一个简单易操作的项目的话……如果小李、小王大家都能够很好地配合我的工作的话……"就这样从一个不妥当的解释或推理转到另一个，一圈又一圈地打转，却于事无补。不幸的是，世上有不少人喜欢失败后这样为自己找"如果"。

　　20世纪70年代中期，索尼彩电在日本已经很有名气了，但是在美国，索尼的销售惨淡。索尼公司没有放弃美国市场，卯木肇担任了索尼国际部部长。上任不久，他被派往芝加哥。

　　当卯木肇来到芝加哥后，他吃惊地发现，索尼彩电竟然在当地的寄卖商店里布满了灰尘，无人问津。如何才能改变索尼彩电这种滞销商品的现状呢？卯木肇陷入了沉思……

　　一天，卯木肇驾车去郊外散心。在归来的路上，他注意到一个牧童正赶着一头大公牛进牛栏，而公牛的脖子上系着一个铃铛，在夕阳的余晖下叮当叮当地响着，后面是一大群牛跟在这头公牛的屁股后面，温顺地鱼贯而入……

此情此景令卯木肇一下子茅塞顿开，他一路上吹着口哨，心情格外愉快。想想一群庞然大物居然被一个小孩儿管得服服帖帖的，为什么？还不是因为牧童牵着一头带头牛。索尼要是能在芝加哥找到这样一家"带头牛"商店来率先销售，岂不是很快就能打开局面？卯木肇为自己找到了打开美国市场的钥匙而兴奋不已。

卯木肇立即从寄卖店取回货品，取消削价销售，在当地报纸上重新刊登大幅广告，成立特约维修部后去找芝加哥市最大的一家电器零售商马歇尔公司。通过种种办法，卯木肇把索尼彩电送进了马歇尔公司，有了马歇尔这只"带头牛"开路，芝加哥的100多家商店都对索尼彩电"群起而销之"，不到三年，索尼彩电在芝加哥的市场占有率达到了30%。

卯木肇积极地寻找办法，使索尼彩电最终成功地打入美国市场，从滞销到畅销。

没有如果，只有如何。所以，执行任务时遇到困难和问题，遭受失败和挫折以后，把注意力放在"如果"上面是解决不了任何问题的，而应当将注意力放在"如何"上，多想想"如何做"才能解决问题。

"如果"是一种假设、虚拟，只是一种想象，多半不能实现。而只有想"如何"，在困难到来时，才能毫不推脱，立刻找寻最佳的解决办法。"如果"的设想和借口没有用，"如何"的回答才能解决问题。只要多想想"如何"去做、"如何"去执行，而不是纠缠于"如果"式的各种借口中，就一定能克服工作中的困难，走出执行中的困境，打开工作新局面。

找出问题症结，打开执行死结

在执行任务过程中，总会出现这样、那样的问题。当问题发生时，你不能只看到问题的表面，而是应该找到问题的症结：为什么会发生这样的问题，而不是发生别的问题？为什么在这个环节出了问题，而其他容易出问题的环节却运转良好？这才是你真正应该探究的内容。

很多人执行任务并不知道抓住核心问题，做了很多无用功。因此，凡事先别忙着解决，看好问题出在哪里，再对症下药。

业务员小周有一个令他十分头疼的客户，这个客户专爱拖账，而且往往一拖就是好几个月。

为了这个客户，小周不知道让经理给数落了多少次。其实，并不是他不积极地去催账，只是这家公司老板老谋深算，只要秘书一听见电话那头传来小周的声音，便会马上接着说："我们老板不在。"然后，"咔嚓"一声挂断了电话，叫小周向谁开口要钱呢?

若是直接跑到客户的公司门口,柜台小姐一看到他,便中气十足地址着嗓子喊道:"真是不巧,我们老板今天不在!"

做生意做得这么痛苦,小周不是没想过干脆不要和这家公司打交道,只是市道冷清,如果放掉这只大鱼,可能会连鱼干都吃不到!为了长期的利润着想,小周只好硬着头皮,一次又一次地上门去碰钉子。

终于有一天,小周想出了一个对症下药的办法。他匆匆忙忙来到客户的公司。照例,在门口就吃了柜台小姐的闭门羹,她大声地喊道:"我们老板不在,请你先回去,等老板回来我再请他打电话给你。"

小周只好点了点头,转身走向门口。临出门前,像是忽然记起了一件事情,他走回柜台,从公文包里掏出一封信交给柜台小姐:"要是老板回来了,麻烦把这封信转交给他。"

说完,小周就急忙离去。

过了一会儿,又看到小周气喘如牛地跑回来,他上气不接下气地对柜台小姐说:"很对不起,刚才的信给错了,请还给我。这封信才是给老板的。"

柜台小姐走到办公室里拿了那封信出来交还给小周。

小周瞄了信封一眼,发现信封已经有被拆开过的痕迹,兴奋地说:"太好了!老板已经回来了,请带我去见他。"

就这样,小周顺利地见到了老板,拿到了货款。在把货款放进公文包的同时，他看了看皮包里那封被拆开的信，信封上写着："内有现金，请亲启。"

小周脸上浮现了得意的笑容。

小周的问题是，有一个贪心的客户因为贪心，总是拖账，如果想要成功的收回账款，小周必须先从人性的贪婪面着手。

任何问题的答案，都隐藏在问题之中。解决执行问题的第一步，就是深入了解，找到问题的根源。只有对症下药，问题才能迎刃而解，从而为执行打开通道。

明确解决问题的真正目的

打靶找靶心，解决问题要看清问题的关键。但是只把问题的所在找出来还是不够的，我们还应该明确解决问题的真正目的，也就是说为什么要解决这个问题。

我们在执行任务时常常会出现这样的情况：问题解决了，可是结果却不是以前所想象的那样；问题解决了，可是却花费了很多不必要的时间和精力；问题解决了，成本却加大了；表面上看问题解决了，实质上问题的症结依然存在；一个问题解决了，新的问题又出来了……可见，光是把问题解决了还是不行，关键是问题既要得到解决，又要达到所期待的结果。

明确解决问题的真正目的，就是要让我们做到既能有效地解决问题，又能精准地执行任务，快速地实现目标。要明确解决这个问题是想达到什么样的效果，满足我们怎样的需求等，否则就是劳而无功，费力不讨好。

甲、乙两人都是刚进公司的销售人员，但甲似乎总对乙的成绩不服气，他向销售经理抱怨："同样都是做销售，为什么乙总是得到表扬，而且业绩出色，我却业绩平平呢？"销售经理明白这个年轻人的心理，便把甲、乙二人都叫过来，他要让甲知道乙究竟有什么优势。

销售经理先对甲说："你马上到集市上去，看看今天有什么卖的。"

甲考察市场后返回："集市上只有一个农民拉了车土豆在卖。"

"一车大约有多少袋，多少斤？"销售经理问。

甲又跑出去了，不一会儿满头大汗地回来，报告说："有40袋。"

"价格是多少？"

"我再去问问。"甲刚要出门，被销售经理叫住了，"请休息一会儿吧，看看乙是怎么做的。"

"你马上到集市上去，看看今天有什么卖的。"销售经理对乙说。

乙考察市场后返回，报告说："现在为止，只有一个农民在卖土豆，有40袋，价格适中，质量很好，我带回几个让总经理看。这个农民一会儿还将弄几箱西红柿上市，价格也公道，可以进一些货。我想这种价格的西红柿总经理大约会要，所以我不仅带回来几个西红柿做样品，而且把那个农民也带来了，他现在正在外面等回话呢。"

甲愣在那儿，不知说什么好。

"现在你明白了吧？"销售经理笑着说。

从故事中我们可以知道，销售人员甲和销售人员乙之所以有着很大的差距，关键在于甲对销售经理的内心要求没有深入理解。所以，乙可以一次性解决经理提出的问题，而甲只能劳而无功。

所以，在执行任务的过程中遇到问题时，要先弄清楚问题通过解决要达到什么目的，再选择合适的方法去做，并且最好选择最快捷、最省时省力的方法一步到位。

总之，只有明确解决问题的真正目的，才能寻找和使用合适的方法使问题顺利解决，精准地执行任务，实现高效执行的目的。

打造思维利剑，剖开执行困境

在执行任务过程中，遇到困难的时候，最为关键的是要想到"如何"二字，即如何摆脱困境、如何从困境中奋起、如何解决自己面临的问题。

那么，摆脱执行困境的方法都有哪些呢？

1. 换一番思维，换一片天地

"山重水复疑无路，柳暗花明又一村。"一扇门关上，另一扇门会打开。世界上没有死胡同，关键就看你如何去寻找出路。有一句话说得好，"横切苹果，你就能够看到美丽的图案"。当你在执行过程中遭遇困境的时候，学着换一种眼光和思维看问题，多尝试从不同的角度去思考问题，才能够化困境为顺境、化问题为机遇，找到反败为胜的机会。

2. 积极思维——把危机变成转机

"危机"这个词是由两个字组成的，"危"字的意思是"危险"，"机"字则可以理解为"机遇"。通常，保守胆怯的人习惯性地只看到"危险"，而看不到"机遇"；那些胆大心细、善于把握机遇的人却能拨开危险的迷雾抓住机遇，而抓住机遇离成功也就不远了。

3. 主动反省——在问题中成长自我

如果你没有勇气离开陆地，那么你永远都无法发现新的海洋。如果你没有胆量接受问题的挑战，那么你永远也无法在问题中获得成长。逃避问题和障碍，你就永远无法解决问题，永远无法完成任务。所以要经常问自己："我如何能从问题中找到机会？我如何能从这种状况中得出些好结果来？"

另外，理想的反省时间是在一段重要时期结束之后，如周末、月末、年末。在一周之末用几个小时去思索一下过去七天中执行任务的情况，月末要用一天的时间去思索过去一个月中执行任务的情况，年终要用一周的时间去审视、思索、反省执行任务中遇到的每一件事。

自我反省的时间越勤越有利。假如你一年反省一次，你一年才知道优、缺点，才知道自己做对了什么，做错了什么。假如你一个月反省一次，你一年就有了12次反省机会。假如你一周反省一次，你一年就有54次反省机会。假如你一天反省一次，你一年就有365次反省机会。反省的次数越多，执行任务犯错的机会就越少。

一个从不犯错误的人是懦夫，一个总是犯错误的人是傻子。一个人要拥有成功的人生就要学会在失败和错误中学习成长。在这里有几条从错误中学习的方法可以供你参考：

（1）诚恳而客观地审视周遭情势。不要归咎别人，而应反求诸己。

（2）分析失败的过程和原因。重拟计划，采取必要措施，以求改正。

（3）在重新尝试之前，想象自己圆满地处理工作或妥善处理问题时的情景。

（4）把足以打击自信心的失败记忆一一埋藏起来。它们现在已经变成你未来成功的肥料了。

（5）重新出发。

一个希望从错误中学习并期待成功的人，可能必须反复实践以上步骤，然后才能如愿实现目标。重要的是每尝试一次，你就能够增加一次收获，并向目标更前进一步。

寻找方法，做职场执行明星

我们通常可以看到这样的现象：两个员工做性质相同的工作，一个加班加点、身心疲惫却仍然做得不好，而另一个则轻轻松松地完成任务并得到了上司的赏识。在这里，方法起了决定性作用。只有方法对了，才能省时、省力、省心地完成任务。

好的方法往往能争取到更大的发展空间。某年，美国福特汽车公司推出了一款性能优越、款式新颖、价格合理的新车。但这款新车的销售业绩远远没有达到预期效果。公司的经理们绞尽脑汁也没有找到让产品畅销的办法。

刚毕业的见习工程师艾柯卡是个有心人，他了解情况后就开始琢磨怎样能让这款汽车畅销起来。有一天，他向经理提出了一个创意，即在报上登广告，标题是"花56元买一辆56型福特。"这是个很吸引人的口号，很多人纷纷打听详细的内容。原来艾柯卡的方法是谁想买56型福特汽车，只须先付20%的现金，余下部分可按每月付56美元的办法分三年付清。

他的建议被公司采纳，而且成效显著。"花56元买一辆

56型福特"的广告深入人心，它打消了很多人对车价的顾虑，创造了一个销售奇迹。艾柯卡很快就受到赏识，不久他就被调往华盛顿总部成为地区经理，并最终坐上了福特公司总裁的宝座。

不惧困难，相信自己，找到方法就能令你走出困境，赢得更多的机会，为执行开创出一片新天地。

阿当应聘到一家皮鞋店当营业员的第一天，便碰到了一位挑剔的顾客。

这是一位穿着时尚的女孩，挑了半天皮鞋却连一双都看不上。阿当耐心地又拿出一双新潮时装鞋，说："小姐，这鞋款式不错，穿在你脚上定会足下生辉。"

"真的？"女孩浅浅一笑，拿鞋试了一下，"哟，是不错，好，我就买这双。多少钱？""360元。"阿当回答。

女孩打开钱包取钱，突然眉头一皱。"糟了，我钱未带够，身边只有250元，这样吧，我先付250元，余下的110元明天拿来给你，好吗？"说完，两只眼睛热辣辣地盯着阿当。

阿当被她看得不好意思，忙说："可以！可以！"说完，随即在一张纸上写道："购鞋一双360元，先付250元，暂欠110元。"写好后递给那女郎："对不起，麻烦你签个名。"那女郎先是一愣，随即爽快地签下了"刘沙沙"三个字。

阿当收了钱，利索地将鞋包好交给女孩，女孩拎过鞋子，抛了个媚眼，走了。

这一切都被老板看在眼里。"这女人你认识？"

阿当摇摇头："不认得。"

老板一听火了："不认得你怎么能赊给她呢？你被她骗了。"

阿当胸有成竹地说："我已将两只鞋子全部调成左脚的，她过几天肯定要来换。"

老板恍然大悟，不由得开心地竖起了大拇指："真是高招啊！"

过了一段时间，阿当被提升为销售部的经理。

执行任务时主动找方法的人永远是职场的明星，他们在公司里创造着主要的效益，是公司今日最器重的员工，也是公司明日的领导乃至领袖。

执行任务过程中随时会出现问题，而问题不会自动消失，只有方法找对了，你才能成功地解决它。但是方法不是固定不变的，也不是等来的，它往往需要你绞尽脑汁地去思考、琢磨、反复试验。

执行无难事，方法总比困难多

执行任务的过程不会一帆风顺，总会出现这样、那样的问题。只要我们相信"方法总比问题多"，只要开动脑筋，积极思考，凡事都会有方法解决，而且总有更好的方法。

小李被董事长任命为销售经理，这个消息是同事们所没有意料到的，谁都知道，公司目前的境况不佳，迫切需要拓展业务以求生存，这个销售经理的位置更显得重要了，也正由于此，这个位置一直没有找到合适的人选。与其他几个较资深的同事相比，貌不惊人、言不出众的小李并无多少优势可言。

很快有好事者传言，小李的提升，得益于前些日子大厦电梯的突然停电。

那天晚上公司加班，近10点时才结束，小李走得最迟，在电梯口遇到了董事长等人。电梯运行时突然因停电卡住了，四周顿时一片漆黑，时间一分一秒地过去，大家开始抱怨，两个不知名的女孩更显得局促不安。这时闪出了一个小火苗，是从打火机发出的，人们立刻安静下来。在近一个小时的时间里，小李的打火机忽亮忽灭，而他什么也没说。

有些人对小李的提升不服。不久后，董事长在公司员工的会议上说了这件事，并解释道："因为在黑暗里，小李点燃手中所有的火种，而不像有些人那样在抱怨、诅咒这不愉快的事件和黑暗，我们公司要走出低谷，不被一时的困难压倒，需要小李这样的人。"

越是在困境中，就越是考验一个人的能力与品格。埋怨是无济于事的，只有利用手中的"火种"去驱散黑暗，才能创造一个光明的前程。

有问题就要解决。怎样解决？当然是用方法解决。只要找对了方法，再难的问题也不是问题。

在工作中，困难与问题固然给我们带来很多麻烦，但是，也可以对我们灵感的激发和潜能的挖掘起到积极的推动作用。"方法总比问题多"，是一种敢于面对困难并勇于挑战困难的精神，同时也是一种通过寻访方法去解决问题的负责态度。这种态度对于精准执行任务，顺利实现目标至关重要。

执行任务会有问题、有困难，不要怕问题、怕困难、找借口，要积极找方法。越去找方法，便越会找方法；越会找方法，就越能创造大的价值。主动找方法，不仅能提高执行的效率，还能提高做事的信心。

为寻找方法而经常思考吧！它会带给你意想不到的收获。

精准执行，难者不会、会者不难

面对执行中出现的问题，很多人会这么说："这个问题很难办，我无能为力"，"我以前没做过这个"，"我不会做"，等等。有这样说法的人，多是比较因循守旧的类型，这些人在工作上缺少自动自发的精神，不会主动地去解决问题和困难，更谈不上创新。他们会停止在以往的经验和思维惯性中，工作也很难有所突破。

那些畏惧问题或是在问题面前寻找托词的人当中，除了少数人经验不够或知识水平欠缺，使他们面对困难时果真很头疼外，大部分人并不是完全不会，而是不想做、不愿意想方法来解决困难。这些人常常用"不""不会""不知道""不想""不擅长"等否定词，以此表示自己"不会做"，不愿意想办法解决。如果不主动去探寻做一些事的最佳方法，那么会觉得很多事情很难做，也就是"难者不会"。

实际上，有的问题看似很难办，有的事情看似复杂，一旦着手解决或做起来，就会发现并不像人们形容的那样难。甚至在有些经验丰富的人看来，这些难题根本称不上是难题，只要用对方法，就很容易解决，也就是我们常说的"会者不难"。

解决执行中的问题并非无径可寻，只要开动脑筋努力思考，总能找到解决的方法。以下提供几种方法，供大家在平时的工作中参考：

1. 碰到困难，首先想清楚问题是什么

一位老大妈走进店内，销售小姐热情地接待："请问您想买点什么？"

"我想买一个暖气。"

"啊，您是多么幸运啊！我们的暖气质量非常好，而且有丰富的品种可供您选择。有很多人喜欢买我们的暖气，让我拿给您看看。您看看这个暖气，它的特点是占用空间小、性能优良、坚固耐用，暖气的加热控制非常严密、热感应强，暖气运作系统是经过科学实验进行设计的，不容易发生漏水、断裂等事故。请您放心使用吧！您若不满意，再看看另一种，这一种暖气是用进口环保材料制作的……"

产品介绍完毕，销售小姐又问："现在您还有什么问题吗？"

"其实我只有一个问题，这些暖气中，哪一种最能让我感到暖和？"老大妈说。

不清楚问题是什么，任何解决方案都是毫无意义的。不能充分地认识问题，面对问题就会感动无从下手，结果不可能取得成功。只有弄清问题的实质，才能对症下药，找到问题的解决方法。

2. 抓住核心问题

秦穆公召见九方皋，派遣他去寻找千里马。三个月之后，九方皋回来了，向秦穆公报告说："千里马已经找到了，在沙丘那个地方。"秦穆公问他："是一匹什么样的马呢？"九方皋回答说："是一匹黄色的母马。"秦穆公派人去看，结果是一匹公马，而且是黑色的。秦穆公非常不高兴："连马的颜色和雌雄都分辨不出来，又怎么能知道是不是千里马呢？"伯乐听说此事，长叹一声说道："九方皋相马的本领竟然高到了这种程度！这正是他超过我的原因啊！他抓住了千里马的主要特征，而忽略了它的表面现象；注意到了它的本领，而忘记了它的外表。他看到应该看到的，而没有看到不必要看到的；他观察到了所要观察的，而放弃了所不必观察的。像九方皋这样相马的人，才真达到了最高的境界！"那匹马，果然是天下难得的千里马。

一个人对于某事犹豫不决时，会感到迷惑或彷徨。这时候，如能针对自己的目的，抓住核心问题来研究，就可以抓住事情的本质而不致出错。

3. 用简单的方式解决

错综复杂的问题都可以分解成简单的问题逐次解决。

例如：总销售额：25 873 892美元

总成本：14 263 128美元

如果科长问成本占销售额的比例，就可以用简单方式表示，即把销售额看成是25，把成本看成是14，14∶25这样就可推测出成本占销售额的56%。由此可见，无论什么问题，只要把它简单化就容易找到解决的办法。

4. 使用淘汰法

有时因为解决问题的方法过多，反而不知如何取舍。可以采取淘汰法，把不好的逐一去掉。

例如跳舞比赛，如果想一次从舞者中选出优胜者是很困难的，因此便采取淘汰法。每次评审一组，有缺点就退场，这样陆续淘汰直至两组，最后剩下优胜者的一组。当你要从几个东西中选出最喜欢的时，如果把不喜欢的逐一淘汰，事情就会变得容易了。

学会正面思维，执行无往而不胜

负面思考的人会从不愉快的事件中感到"无助"，认为自己无法改变现状，无论怎么做，到最后都是坏的后果。久而久之，就失去了对事件的理性判断，做出负面的决策，但这个时候只要在思考的路径里假设两个步骤——反驳和激励——就可以将负面思维转变成正面思维。反驳是指对自己预设的负面情节、负面决策进行反驳；激励则指强化自己转向思考如何解决问题的能量。

资诚会计师事务所所长薛明凌，就因为正面思维熬过了职场上最大的一次挫败。一天晚上，身为国票签证会计师的他正在进餐，有人急忙跑来跟他说："你的国票出事了。"

他当时的第一个想法："完蛋了，我会不会因此被扯入官司，甚至被关起来？这样下去，我好不容易打下的基础不就全毁了……"他倒吸一口气，关掉电视，走进书房，开始思考。

他用一天时间把事情想透，确认自己没有做错后，就开始思索对策。他先跑到书店，把架上所有关于商业法、会计法等的一二十本书全部抱回家，从头开始研究；然后自己预先写好每日新闻稿，一旦有人攻击他，就可以立刻澄清。

就这样，他在书房里待了一个星期，将整个案情梳理了一遍，其间他还一如既往地上班，最后平安度过了危机，更因其沉着冷静地面对事件而赢得了掌声。然而，看似简单的正面思维，要想做到却并不容易。

在最近一次从苏黎世到纽约的飞行途中，他和一位投资商相邻而坐。随着交谈的深入，他得知对方在投资一家规模很小的科技公司时，尽管投入了很多资金，却收益甚少，对方被那家科技公司的老板气得快要吐血了。在整个飞行过程中，对方没完没了地抱怨着。他问投资商："那个科技公司的家伙令你心烦意乱有多长时间了？""几个月了！"投资商愤愤地回答道。

事实上，坐在薛明凌身边的这个男人，是一位拥有数百万美元的富翁，在瑞士有一栋富丽堂皇的高档别墅，有一位贤淑而美丽的妻子，还有三个可爱的孩子。但这些足以羡煞世人的福分，让一个小公司的小老板轻而易举就给抹掉了，留在他脑中的全是挥之不去的无尽烦恼。

薛明凌提醒邻座乘客，现在的不顺利其实是用人不察、判断失误，从而在此次投资项目上做出了一个错误的决定。

但是，恼恨自己，和恼恨那个科技公司的小老板一样，全都徒劳无益，于事无补。他提醒对方："尽管犯了这次错误，你依然是一个非常成功的商人，重要的是，你应该从这次失败的商业活动中吸取教训、总结经验。"

经过认真思考之后，对方认同了这个看法。在飞行即将结束时，投资商已经决定终止损失，卖掉那家科技公司，重新开始。

执行中遇到困难和问题的时候，正面思维能让我们更理性地面对困难，更熟练地解决问题，更精准地实现目标，更高效地执行任务。让我们学着做一个正面思维者。

"背道而驰"，执行歪打正着

执行任务时碰到问题，有时我们想尽各种方法仍然不能奏效，这时不妨抛开原先的常规思路，从相反的方向去思考，反而会更利于问题的解决。

20世纪60年代中期，当时在福特一个分公司任副总经理的艾科卡正在寻求方法，改善公司业绩。他认定，达到该目的的灵丹妙药在于推出一款设计大胆、能引起大众广泛兴趣的新型小汽车。他认为，顾客买车的唯一途径是试车。要让潜在顾客试车，就必须把车放进汽车交易商的展室中。吸引交易商的办法是对新车进行大规模、富有吸引力的商业推广，使交易商本人对新车型热情高涨。说得实际点，他必须在营销活动开始前做好小汽车，送进交易商的展车室。

为达到这一目的，他需要得到公司市场营销和生产部门百分之百的支持。同时，他也意识到生产汽车模型所需的厂商、人力、设备及原材料都得由公司的高级行政人员来决定。艾科卡一个不落地确定了为达到目标必须征求同意的人员名单后，就将整个过程倒过来，从头向前推进。几个月后，艾科卡的新型车——"野马"从流水线上生产出来了，并在20世纪60年代风行一时。它的成功也使艾科卡在福特公司一跃成为整个小汽车和卡车集团的副总裁。

我们通常只从正面去思考、寻找问题的解决方法，然而这种办法并不是总有效。当方法不能解决问题时，就应当转换思路，反过来从完全对立的角度去思考解决问题的方法，"背道而驰"，反其道而行之。从反面去看问题，易引起新的思考，往往产生独特的构思和新颖的观念。正反两方面多想想，会收到意想不到的效果。

用左脑去服从，用右脑去创造

美国海军陆战队上将罗格·盖格对官兵们训话时说："你们只有一个脑袋，但必须要有两种功能，我要求你们用左脑去服从，用右脑去创造。"在战场上，美国海军陆战队长官只会下达夺取某要塞的命令，他把选择具体战术的权限下放给执行此项任务的所有人。战场形势千变万化，在是采用诱敌深入法还是调虎离山计等具体战术的选择上，每个人都可以发挥创造，目的是为了高质量地完成任务，不但与服从命令并不矛盾，反而是服从命令的必然要求。

《经济学家》杂志曾经在约200家中国优秀企业的CEO中做了一项关于"员工最致命的弱点是什么"的调查研究。得到的普遍回答是缺乏创造性思维。企业与军队一样，需要员工创造性地完成任务。我们要学习美国海军陆战队的精神——要服从，更要创造。

欧洲航空公司之所以快速发展，是因为它的员工在完成任务时很注意发挥自己的创造性。例如，一位机组服务人员身处一架满载乘客的航班，飞机需要准时起飞，但机上却没有足够的旅客用餐。根据顾客服务手册上固有的条文，建议机组人员在足够的顾客用餐被送达之前就关上机门，以确保能按时起飞。而一个足智多谋的机组服务人员却会做出其他选择，她可能会根据情况，向某些商务舱乘客提供免费的酒精饮料来代替航空餐。这样，飞机准时起飞了，所有机舱内的乘客都心满意足，没有人因为晚点而耽误了转机，欧洲航空也就不需要为谁支付在旅馆过夜的费用。类似这样富于创造性的现场决策还有很多，机组人员的任务完成得越来越接近完美，不断推动着欧洲航空公司向前发展。

只有企业中所有员工的创新意识如同准时上下班一样成为一种职业习惯，所有员工都"敢思、爱思、多思"，企业才有勃勃的生机和巨大的潜力。

有一次，拿破仑·希尔问PMA成功之道训练班上的学员："你们有多少人觉得我们可以在三十年内废除所有的监狱？"

学员们显得很困惑，怀疑自己听错了。一阵沉默过后，拿破仑·希尔又重复："你们有多少人觉得我们可以在三十年内废除所有的监狱？"

确信拿破仑·希尔不是在开玩笑以后，马上有人出来反驳："你的意思是要把那些杀人犯、抢劫犯以及强奸犯全部释放吗？你知道这会造成什么后果吗？那样我们就别想得到安宁了。不管怎样，一定要有监狱。""社会秩序将会被破坏。""某人生来就是坏坯子。""如有可能，还需要更多的监狱。"

拿破仑·希尔接着说："你们说了各种不能废除的理由。现在，我们来试着相信可以废除监狱。假设可以废除，我们该如何着手。"大家有点勉强地把它当成实验，沉静了一会儿，才有人犹豫地说："成立更多的青年活动中心可以减少犯罪事件的发生。"不久，这群在10分钟以前坚持反对意见的人，开始热心地参与讨论。"要清除贫穷，大部分的犯罪都起源于低收入阶层。""要能辨认、疏导有犯罪倾向的人。""借手术方法来治疗某些罪犯。"最后，大家总共提出了18种构想。

这个实验的重点是当你相信某一件事不可能做到时，你的大脑就会为你找出种种做不到的理由。但是，当你真正地相信某一件事确实可以做到时，你的大脑就会帮你找出做得到的各种解决方法。

我们接受了一个高难度的任务后，最容易产生也最需要避免的心理："这怎么可能完成呢？"但只要积极开动脑筋，开拓思维，多想办法，任务肯定能完成。带着思考去工作，带着想法去执行，应该成为我们的基本工作信念。

用对方法，完成比难更难的事

善于寻找方法去解决工作中的问题和困难，是执行取胜的根本，更是一个企业保持旺盛竞争力的保障。无论在什么时候，善于找方法的人都比遇到问题就逃避的人有着更多的机会，也更容易受到欢迎。

每个人都会在工作中遇到难题，没有任何问题的理想状态是根本不存在的。所以，面对问题和困难，我们完全不必担忧和逃避，只要找出解决问题的方法，一切困难将迎刃而解。

一个国王约见平时以笨出名的平民阿笨，要他完成一项任务：在一个同时只能烙两张饼的锅中，三分钟内烙好三张饼，并且每张饼必须烙两面，每面烙一分钟。

阿笨并不笨，而且还开过烙饼连锁店，被业内人士称为"高效率人士"。

按照国王的要求，这最少需要四分钟的时间，可是阿笨却用了一个笨方法实现了要求。第一分钟，他先烙两张饼。第二分钟，把一张翻烙，另一张取出，换烙第三张。第三分钟，把烙好的一张取出，另一张翻烙，并把第一次取出的那张放回锅里翻烙。结果，他用三分钟时间烙好了三张饼。

　　改进方法，解决问题，既要有敢于与众不同的勇气，还要有能够独立思考和判断的思维，突破旧有的思维模式，也就找到了解决困难的方法。

　　问题容易发现，解决办法却难找，成了人们不喜欢解决问题、一见到困难就想躲的理由和借口。每个人对待问题的态度是不同的。善于发现问题的人，也常常喜欢想各种应对的方案和办法。而不善于发现问题的人，更不会主动去想问题该怎么解决，当别人发现了问题，想与之共同解决时，得到的回应却是借口。

　　方法永远都比困难多，所谓"道高一尺，魔高一丈"，只要用对方法，就没有解决不了的难题。方法用得对不对，是做事的关键。

　　每一个问题都有它的特点和难点，所以我们还要具体问题具体分析。积极地寻找解决方案，不可随意地乱用方法，强加套用或照搬模仿都是不可取的。碰到容易更改方法和可以反复实验的事情，或许多尝试几种办法也未尝不可。

第 7 章

细节精准——超越所有人对你的期望

细节决定成败。一个细节的失误，会让所有的执行都付诸东流，功亏一篑。魔鬼在细节，执行要细心。执行到细节，才是精准的执行。

细节创造感动。小事成就大事，细节成就完美。要想让老板、上司、客户从心底里为你点赞，就要在细节上下功夫，将工作做得完美无缺，超越所有人对你的期望。

精准执行，必精于细

小胡和小张同时应聘进了一家中外合资公司。这家公司待遇优厚，个人的发展空间也很大。他们俩都很珍惜这份工作，拼命努力以确保顺利通过试用期。

公司规定的淘汰比例是2∶1，也就是说，他们俩有一个会在三个月后淘汰出局。

小胡和小张都咬着牙卖力地工作，上班从来不迟到，下班后经常加班，有时候还帮着后勤人员打扫卫生、分发报纸……部门经理是一个和蔼可亲的人，他经常去两个人的单身宿舍和他们交流、沟通，这使他们受宠若惊。所以两个人特别注意个人卫生，都把各自的宿舍整理得干干净净。

三个月后，小胡被留了下来，小张悄无声息地走了。

半年后，小胡被提升为部门主管，和经理的关系也亲近了起来，便问经理当初他和小张表现几乎一样，为什么留下来的是他而不是小张。经理说：“当时从你们中选拔一个是很难的，工作上不分高低，同事关系也很融洽，能力也都不弱，而且都非常有上进心。所以我就常去你们宿舍串门，想更多地了解你们。结果我发现了一现象：当你们不在的时候，小张的宿舍仍然亮着灯，开着电脑；而你的宿舍只要人不在灯便熄着，电脑也关着，所以我们最后确定了你。"

不要忽视任何一个细节，一个墨点足可将一整张白纸玷污，一件小错事足可招人厌恶。

在现代激烈的职场竞争中，细节常会显出奇特的魅力，它不仅可以提升你的人格魅力，增加你的工作绩效指数，还可博得上司的青睐，获得更好的机会。

其实，小事本身就潜藏着很好的机会。如果你能从中敏锐地发现别人没有注意到的空白领域或者细小环节，以其为突破口，机会自然会掌握在你的手中。

在某跨国公司的杭州分公司，有一支很优秀的销售队伍。他们每天讨论的是如何把商店的陈列达到最佳效果，竞争对手最近有什么动态，如何去阻击其他产品的竞争，等等。

当集团公司的市场和销售总监来做市场检查的时候，不是穿着西装对销售人员进行指手画脚，而是和业务员一起动手整理货物，帮助他们做一些很细小的事情。

该公司的巧克力市场一直稳居市场占有率第一位，但这并非因为该公司跨国企业的背景或者广告做得好，更不是他们有什么特别诱人的促销方案或者总是请大明星来捧场。

成功是因为这家公司有着一群对每个销售环节都抠得很

细的销售人员，他们对竞争对手的打击从来都是从每一个细节开始的。他们对细节的关注和对小事的拿捏使他们在同行业内极具魅力，因此在订货会上，他们拿到的业绩总是其他公司的4~5倍！

以某一次秋季订货会为例。他们一年前就在全国选择一个城市作为试点，全程摄像，并且对这个试验性订货会做了很多仔细地研究，市场推广部也在这些研究的基础上制定了详细的"订货会操作流程"。在订货会之前，会议的组织者又一起去将要开会的城市进行观摩，一起参加会场的布置、会议的安排，并进行了事先预演，然后和经销商一起就工作流程、会场布置、人员安排、客户邀约等可能出现的问题进行讨论并制订了解决方案。

如此，他们将一个订货会的基本框架搭建完毕。在已经确保万无一失的情况下，接着开展订货会中的工作，哪怕再琐碎的小事，他们也会因准备充分而应付自如。

就是这些完善的准备工作，这些小事的积累，让这家公司赢得了经销商的心，继而赢得了整个巧克力市场。

做大事必重细节。平庸和杰出的差距就体现在这些小事上。这些看似不起眼的小事，一旦发挥效力，既可成为我们通向杰出的良机，也可成为我们走向平庸的滑梯。

小事不小，精准执行无小事

不少人在执行任务时轻视小事，认为小事不值得做，因此为自己的工作留下了隐患。有位智者说："不关注小事或者不做小事的人，很难相信他会做出什么大事。做大事的成就感和自信心是由做小事的成就感积累起来的。"事实上，在执行中，没有任何一件事情，小到可以被抛弃；没有任何一个细节，细到应该被忽略。

有很多人对"小事"理解不深，认识不透，有的人甚至错误地认为只要在大事上不马虎，小事做好、做坏都无关紧要。殊不知，正是那些没做好的小事，将自己所有为执行任务而付出的努力化为乌有。

比如顶撞一位顾客、怠慢一个用户、板了一次面孔、说了一句风凉话、收错一笔费用、造成一个误会、缺少一个笑容……这些看起来微不足道的小事，表面上可能不会对你有多大的影响，但实际上已经给你的事业造成了巨大的危险。

许多事例告诉我们，大局的改变，往往是由一点点的小变化所积累成的。今天你失去的可能只是用户的一次信任，或者是一个普通的用户离你而去，可是这小小的变化带来的影响却是深远的，当它达到一定量的时候，产生的冲击则是惊人的。一个用户的离去，可以演变成一群或一大片用户的离去。特别是当我们已经为工作做出了许多努力、付出了许多汗水，到头来却因为自己对一些小事把握不好，从而使自己数十次热情贴心的服务所取得的信任付之东流的时候！

一次，国内一位旅客乘坐某航空公司的航班由济南飞往北京，连要两杯水后又请求再来一杯，还歉意地说实在口渴，服务小姐的回答让她大失所望："我们飞的是短途，储备的水不足，剩下的还要留着飞上海用呢！"在遭遇了这一"细节"之后，那位女士决定今后不再乘坐这家公司的飞机。

每一条跑道上都挤满了参赛选手，每一个行业都挤满了竞争对手。任何一件小事做得不好，都有可能把顾客推到竞争对手的怀抱中。可见，任何对于小事的忽视，都会影响企业的效益。

日本东京一家贸易公司有一位专门负责为客商购买车票的小姐，经常给德国一家大公司的商务经理购买来往于东京、大阪之间的火车票。

不久，这位经理发现一件趣事，每次去大阪时，座位总在右窗口，返回东京时又总在左窗边。

有一次，经理询问小姐其中的缘故。小姐笑着答道："车去大阪时，富士山在您右边；返回东京时，富士山已到了您的左边。我想外国人都喜欢富士山的壮丽景色，所以我替您买了不同的车票。"

就是这么一件不起眼的小事使这位德国经理十分感动，促使他把对这家日本公司的贸易额由400万欧元提高到1200万欧元。他认为，在这样一个微不足道的小事上，这家公司的职员都能够想得这么周到，那么，跟他们做生意还有什么不放心的呢？

事实上，现在随着企业规模的不断扩大，员工的数量也日益增多，彼此之间的分工越来越细，其中能够决定大事、要事的高层管理者毕竟是少数，绝大多数员工从事的还是简单的、琐碎的、不起眼的小事。但卓越的员工却能在这一份份平凡的工作和一件件不起眼的小事中，通过在细节上下功夫，为自己和公司不断创造价值。

执行到细节才是精准执行

"细节决定成败"，这句话所体现的是对工作的一种专注、对执行的一种认真的劲儿。只有关注到了工作中的每一个步骤、执行中的每一个细节，我们的工作才有可能做得像我们在计划书中所预设的一样成功和完美。

美国一位伟大的黑人华盛顿·卜克青年的时候，到一所大学校去请求入学。

会见他的是一位学校女职员，她见他的衣服褴褛，不肯收他。他独自坐在那里几个小时之久。那位女职员看见后感觉稀奇，便告诉他说学校里有一间屋子，需要人清洗、整理，问他是否愿意做这件事。

卜克喜欢极了。他殷勤地洗濯地板、擦拭桌椅，把那间屋子清理得没有一点儿尘垢。过了一些时候，那位女职员来到这间屋子里，拿出白的手帕擦拭桌椅，白手帕上竟没有一点污秽，便允许卜克入校读书。卜克视这件事为他一生中的快事。

那个女职员就是要借着这件微小的工作试验一下华盛顿·卜克的人品，看看他是否谦卑、是否殷勤、是否忠心于小事、是否在细节上尽心尽职。

如果他想"能否被收留还没有把握，谁甘心先做这种义务的苦工呢"，因此不肯打扫这间屋子，或是虽然打扫，却是草草了事，打扫得并不干干净净，试问那个女职员还能否收留他呢？这个在小事上忠心的青年人后来果真成就了大事，兴办了黑人的教育事业，得到了人们的爱戴和尊敬。

任何人的成长进步，都是从做好身边的细微工作开始的，然而在职场中仍然不乏对细微工作敷衍塞责、执行任务时忽视小事的人。为什么总有人会对细节采取不认真的态度呢？究其原因，不认真的背后潜藏的是不重视。他们或认为事情太小，不值得认真；或认为事情容易，不必要认真。无数教训证明：这种不把每一件工作都当事来做的态度和习惯不改，恐怕一辈子也不会有什么大的长进和出息，只能眼睁睁看着机会在身边一次次溜走。

考虑到细节、注重细节的人，不仅认真对待工作，将小事做细，将任务执行得精准到位，而且注重在做事的细节中找到机会，从而使自己走上成功之路。

精准执行，在细节上狠下功夫

老子曾说过："治大国若烹小鲜。"老子将治理国家比作烹调小鱼一样，不急躁、不乱动，这样煮出的鱼才色鲜、味美。如火候不对、调味不对，心浮气躁，鱼下锅后急于翻动，最后煮出来的东西就会色、香、味什么都没有了，肉也碎了。可见，细微之处方见真功夫。

有一部名为《细节》的小说，其题记为："大事留给上帝去抓吧，我们只能注意细节。"作者还借小说主人公的话做了注脚："这世界上所有伟大的壮举都不如生活在一个真实的细节里来得有意义。"

工作中的琐碎细节，执行任务中的细小行为，反映了一个人的天性、本质、修养。

成功者与失败者之间到底有多大差别？事实上，人与人之间在智力和体力上的差异并没有想象中的那么大。很多小事，一个人能做，另外的人也能做。只是做出来的效果不一样，往往是一些细节上的功夫，决定着执行的质量。

要想在工作中出类拔萃，就应学会在细节处下功夫，将老板交给的任务执行得精准到位，无懈可击。

有时候，公司老板或业务员要出差，便会安排员工去买车票，这看似很简单的事，却可以反映出不同的人对工作的不同态度及其工作的能力，也可以大概测定其今后工作的前途。有这样两位秘书，一位将车票买来，就那么一大把地交上去，杂乱无章，易丢失，也不易查清时刻；另一位却将车票装进一个大信封，并且，在信封上写明列车车次、号位及起程、到达时刻。可见，后一位秘书是个细心人，虽然她只在信封上写上几个字，却方便了出差者。按照命令去买车票，这只是一个平常人都会做的工作，但是一个会工作的人，一定会想到要怎么做，才会令人更满意、更方便，这就是用心、注意细节的问题了。

执行细节不容忽视。注意细节的人所做出来的工作一定能抓住人心，虽然在当时无法引起人们的注意，但久而久之，这种工作态度形成习惯后，一定会为其带来巨大的收益。因此，对再细小的事也不能掉以轻心，专注地去做才会产生效益。这种细心的工作态度，日后有大作为者，即使要他在收发室做整理信件的工作，也会高人一等。这种注重细微环节的态度，就是使自己发展的营养剂。

欲成大事，先把小事执行精准

曹向阳是一家汽车公司的区域代理，他每年所卖出去的汽车比其他任何经销商都多。甚至销售量比第二位要多出两倍以上，在汽车销售商中，实属重量级人物。

当有人问及曹向阳成功的秘诀时，他坦言相告："我每个月要寄5万张卡片。有一件事许多公司没能做到，而我却做到了，就是我对每一位客户都建立了销售档案，我相信销售真正始于售后，而并非在货物尚未出售之前……"

曹向阳每个月都会给客户寄一封不同格式、不同颜色信封的信（这样才不会像一封"垃圾信件"，还没有被拆开之前，就给扔进垃圾桶了），顾客们打开信看，信一开头就写着："祝你今天好心情，愿你天天好心情！"接着写道，"祝你天天快乐，曹向阳敬贺。"

顾客们都很喜欢这些卡片。曹向阳自豪地说："我给所有的顾客都建立了档案，我会根据他们的兴趣、爱好的不同，分组给他们寄不同的卡片。而且，给同一客户寄的卡片中，也绝不会有雷同的卡片。"曹向阳通过这些细致的工作，赢得了良好的口碑和很多回头客，而且很多顾客还介绍自己的朋友来曹向阳这儿买车。

应当强调指出，曹向阳的这些做法绝不是什么虚情假意的噱头，而是一种爱心、一种责任感、一种高明的销售技巧的自然流露，更是把事做到位、做到细节上的具体体现。

曹向阳说："真正出色的餐馆，在厨房里就开始表现他们对顾客的关切和爱心了。当顾客出现问题和要求时，我会尽全力提供最佳服务……我必须像个医生一样，他的汽车出了毛病，我也为他感到难过，我会全力以赴地去帮他修理。我见到老顾客同见到老朋友一样自然，我要了解他们，至少不会一无所知。但是如果没有档案的帮助，在重见他们时我肯定会像与陌生人头回见面一样，重复一些不必要的麻烦，心里的距离感也会拉大，这将极不利于我的销售工作。"

虽然寄卡片是一件很小的事情，但它却给曹向阳带来了巨大的利益，不但使他成了销售的榜样，也让他特别开心，因为他带给了顾客温情，自己也感受到了快乐。

一位哲人说得好："小事永远是大事的根，每一棵生命之树的衰荣都可以从它的根上找到答案。"细节决定一个人的命运，只看见大事而忽略小事的人是无法成功的。细节要靠日常生活的不断积累，如果你将其储备得足足的，那么在机遇降临的时候，就能够从容不迫地将它把握。

任何事情的成功都是从注重细节开始的。在职场中，要想成就一番事业，就要先从小事做起，将老板交给的每一件任务都执行得精准到位，将工作中的每一件小事都做透、做细，做精。

精准执行，从点滴做起

执行任务并不需要什么豪言壮语，需要的是始终如一地把所有小事做得精准细致、扎实到位。在执行任务中，坚持把每一件小事做好，就会得到领导的信任和赏识。不屑做工作中的小事，就没有机会做工作中的大事；工作中的小事都做不好，工作中的大事就更不可能做好。

对普通员工来说，对于工作中琐碎的、繁杂的、细小的事务，我们应该花大力气把它做好，不讨厌做小事，要努力把工作中的小事做得尽善尽美。

很多初入职场的年轻人志向高远，精神固然可嘉，但只有脚踏实地从小事做起、从点滴做起，在工作中注重每一个细节，才能养成做大事所需要的那种严密周到的作风。不重视工作中的细节，没有做小事成功的经历，很难获得做大事的机会。即使有了做大事的机会，没有做小事的经验，也未必知道从何处着手。因为高效执行的技巧和方法，都是在平时做小事的时候培养和建立起来的。

在激烈的竞争中，公司规模、员工队伍日益扩大，其分工也越来越细，其中能够从事大事决策的高层主管毕竟是少数，绝大多数员工从事的都是简单繁琐看似不起眼的小事。但对于公司的运作而言，公司的每一件事情、每一个员工都很重要，可能某一个员工出了问题，就会影响到整个公司的运作。也正是一份份平凡的工作和一件件不起眼的小事，才构成了公司卓著的成绩。

对于一个以精准执行为己任的员工，他会认真执行、全力完成老板交给他的每项任务，不管这项任务是大还是小。他都会认识到这项任务的重要性，尽到自己应该尽到的职责，不忽视执行中的每一件小事，认认真真地处理执行的每一处细节。因为在他看来执行任务无小事。

从执行任务中的一些微不足道的小事洞察秋毫，可以感悟到一个人的内在精神。什么是不简单？把每件简单的事做好就是不简单。什么是不平凡？把每件平凡的事做好就是不平凡。

看不到细节或者不把细节当回事的人，对执行任务缺乏认真的态度，对事情只能是敷衍了事。这种人不可能把执行任务当作一种乐趣，而只是当作一种不得不受的苦役，因而在执行任务过程中缺乏热情，这样的员工当然不会得到老板的赏识，也不会有升迁的机会。

对于一个公司来说，拥有做事细致、精准执行的员工，公司的管理制度会更加精细化，工作效率会更加提高。能时刻心系公司，把微不足道的小事当作大事去做，把每一项任务都执行得精准到位的人，是最值得信赖的。

不放过任何容易出错的细节

细节决定着事情的成败。一个细节上的失误，将会影响整个大局甚至人的一生。

执行中的每个细节都是不能忽略的。从细节中，我们可以看到失败的原因和成功的关键。很多时候，一些大的事故或问题的产生，就是因为一点点细节的疏忽所造成的。

1. 千里之堤毁于蚁穴，小处不可轻视

远洋运输的货轮一般性能先进、维护良好，不会出什么问题。但是巴西一家远洋运输公司的海轮却在海上发生了大火，导致沉没，全船人都葬身海底，后果十分严重。

后来，事故调查者从出事海轮的遗骸中发现了一只密封的瓶子，里面有一张纸条，上面写了21句话，看起来是全船人在最后一刻的留言。人们惊奇地发现，这些水手、大副、二副、管轮、电工、厨师和医生等熟知航海条例的人，竟然私下里干了不少错误的事：有人说自己不应该私自买了台灯，有人后悔发现消防探头损坏时却没有及时更换，还有人发现救生阀施放器有问题却置之不理，有的是例行检查不到位，有的是值班时跑进了餐厅……

最后船长写了这样一句话：发现火灾时，一切都糟透了。平时，我们每个人犯了一点点小错误，都没有在意，积累起来，就酿成了船毁人亡的大错。

这个故事给我们很大的启示。在执行工作中不要疏忽大意，不要放过任何一个容易出错的细节，否则，积少成多，聚沙成塔，错误一点点操纵着我们，最后让我们咽下失败的苦水。

2. 小处不可随便

两个月前，吉姆把车子送去车厂进行例常检查。

车子保养得还算不错，没有什么大碍，只是检查员认为车子的四个轮胎已经"超龄"了，劝他务必到轮胎店去更换新的轮胎。

回家后，吉姆仔细看了看那几个轮胎，咦，都还蛮好的嘛，轮胎上的花纹清清楚楚，一点儿也没有耗损的迹象。他用手大力敲了敲，结结实实，弹性十足。

于是，他把那个检查员的话当作耳边风。

雨季来了。

一日，车子在湿漉漉的路面行驶时，吉姆突然有一种力不从心的感觉，轮胎好似不大愿意"听从"轮盘的控制，尤其是在滑滑的路面上转弯时，更有一种轮盘与轮胎"各自为政"的感觉。

这一惊，非同小可。

吉姆赶快把车子开到轮胎店去。工作人员一检查，便惊喊出声：

"哇，这几个轮胎，实在太老了，随时随地都会爆胎的呀！你怎么不早一点儿送来换呢！"

吉姆嗫嚅地应道："看起来完好如新啊！"

工作人员一面快手快脚地把这四个轮胎拆下来，一面善心地给这个门外汉灌输常识：

"现在，制造轮胎的技术很好，轮胎上的花纹，即使在路上滚动十年、八年，也不会有磨损的痕迹！不过，你要记住：平均每条轮胎，只要走上32 000公里，便得换了。所以，常走长程的车，每隔一两年，便得换轮胎；只走短程的车，隔上两三年，也得换。许多交通意外，都是路上爆胎、车子失去控制而造成的！"

经一事，长一智。换了四个轮胎，也上了宝贵的一课。

在工作的实际执行中，我们要时刻注意尽量避免出现一些小的细节错误，不要因细节而引起无法弥补的损失，而应该用细节成就完美的整体，来获得自己的成功以及赢得别人的信赖。

细节往往容易被人忽略，但一个不经意的细节恰恰能反映出一个人深层次的修养，它能弥补缺陷，代替财富，提升你的竞争力。可以说，细节成就完美。因此，我们想要有所成就，一定不能忽视细节。

精准执行，大处着眼、小处着手

这是一个细节取胜的时代，细节对于执行的作用怎么强调都不为过。

吉姆21岁进入了一家集团公司，他被派往纽约分公司的财务部做管理工作。在工作中，他发现分公司的财务软件与总公司之间有一些不配套的地方。这套财务软件来自一家著名的软件公司，它的强大功能不容置疑。但是，问题的确存在，尽管只是小问题，但是处理起来非常繁琐，并且不可避免地会造成一些错误。

吉姆决定完善这个软件，他请教了许多相关专业的朋友，经过几个月的努力，他达到了预期的目标。

改善后的软件被应用于财务工作中，员工反映非常好。几个月后，董事长来到纽约分公司视察，吉姆为他演示了这套软件。董事长马上发现了这套软件的优越性能。很快，这套软件便被推广到集团在全美的各个分公司。

三年后，吉姆成为集团最年轻的分公司经理。

执行任务过程中有许多细微小事，这往往也是被大家所忽略的地方，有心的员工是不会忽视这些不起眼的小事的。在别人没有注意到的地方留心，把每一个细节都做得扎实到位，如此敬业的工作态度，让你无法不耀眼。

一个小伙子在家乡做铁匠，但是因为日子并不好混，所以想要到大城市碰碰运气。他到了一个工厂的组装车间做工。

但是三个月之后，他对朋友抱怨，说他不想再待在那儿了。"这份工作让我厌烦透了！你知道吗？我每天的工作不过是在流水线上将一个螺丝拧到它该待的地方，每日每夜地只是重复着同一个动作，这让我觉得自己像个傻子！"

朋友提议他再干一个月再说，他闷闷不乐地回去了。

一个星期之后，他兴高采烈地来找朋友："嘿，伙计！你知道吗？我现在觉得这份工作真是棒极了！今天我在拧螺丝的时候发现那个地方有条小小的裂缝，于是我找到头儿，把这件事情告诉了他。你知道，他向来都只会板着脸监视着我们，但是今天，他居然对我笑了，并当着所有人的面夸了我！"

一个月过去，他再次来找朋友："你知道吗？今天主管来巡视车间，我对他说：'为什么你们不把车吊高一点，好让我拧螺丝的时候动作能快一点，而非要让我弯着腰、扭着脖子慢慢地拧那颗螺丝呢？'主管听了我说的话，居然认真地观察了我的工作，说他会考虑。"

朋友笑着问他："那么，你还打不打算辞掉这份让你厌烦透顶的工作呢？"

"你在开什么玩笑！"他拍着朋友的肩膀说，"这份工作需要我，我现在不知道有多喜欢干这份工作！"

俗话说，大处着眼，小处着手。其实有时候成功很简单，需要的只是对细节的关注。在细节之处下功夫，积极关注别人不愿意去做的小事，你就能轻松成为公司永不放弃的优秀员工。

大处着眼，小处着手，是精准执行精神的重要体现。

心中想大事，手里做小事

有这么一个故事，据说，在开学第一天，苏格拉底对他的学生们说："今天咱们只做一件事，每个人尽量把胳臂往前甩，然后再往后甩。"说着，他做了一遍示范。

"从今天开始，每天做300下，大家能做到吗？"学生们都笑了，这么简单的事谁做不到？可是一年之后，苏格拉底再问的时候，全班却只有一个学生坚持了下来。这个人就是后来的大哲学家柏拉图。

会做事的人把小事做成大事，不会做事的人把大事做成小事，乃至化为乌有。真要把小事做成大事并不那么容易，因为任何大事都是具体操作和长远眼光完美结合的产物。英语中有句格言："Think big, do small。"意思是"心中想大事，手里做小事"，形象地说明了小事和大事的辩证关系。

美国标准石油公司曾经有一位小职员叫阿基勃特。他出差住旅馆的时候，总是在自己签名的下方，写上"每桶4美元的标准石油"字样，在书信及收据上也不例外，只要签了名，就一定写上那几个字。他因此被同事叫作"每桶4美元",而他的真名倒没有人叫了。

公司董事长洛克菲勒知道这件事后说:"竟有职员如此努力宣扬公司的声誉,我要见见他。"于是邀请阿基勃特共进晚餐。

后来,洛克菲勒卸任,阿基勃特成了第二任董事长。在签名的时候署上"每桶4美元的标准石油",这算不算小事?

严格说来,这件小事还不在阿基勃特的工作范围之内。但阿基勃特做了,并坚持把这件小事做到了极致。那些嘲笑他的人中,肯定有不少人才华、能力均在他之上,可是最后,只有他成了董事长。

会做事的人,必须具备以下三个做事特点:一是愿意从小事做起,知道做小事是成大事的必经之路;二是胸中要有目标,知道把所做的小事积累起来最终的结果是什么;三是要有一种精神,能够为了将来的目标自始至终把小事做好。

然而现在有很多人,心中倒是整天想着大事,但在执行任务时对小事却从来提不起兴趣,甚至将整天埋头于小事之中当成一种很丢脸面的事,殊不知,正是这样的想法让他们日复一日、年复一年在实现自己人生大目标的路上停滞不前。

对于有这种倾向的人,我们有三点建议:

(1)重视执行中的小事。执行无小事,事事都是工作,只要是对执行有利的事,无论多小,或者多么微不足道,都值得我们重视。

（2）密切关注自己的执行流程，不要放过任何一个可以改良和补救工作结果的小细节。

（3）小事不是小人物的事。差距往往从细节开始，造成不同结果的，通常是那些很容易被忽略的小事。

养成注重细节的执行好习惯

我们要想开创人生的新局面，实现人生的突破，就要学会关注细节，从小事做起。只有这样，才能够一步步向前迈进，一点一滴积累资本，并抓住瞬间的机会，实现突破，踏上成功之路。

曼玲大学毕业后，很幸运地被一家中等规模的证券公司录用，她十分兴奋，准备大干一番。然而，踏上工作岗位后她才发现，对于新人，公司给她们安排的实际工作并不多，倒是有很多杂七杂八的事情，像发报纸、复印、传真、文件整理等琐事每天等着她们去处理。

同来的新人们觉得，要他们大学生做杂活未免有些丢脸，又觉得不受重视，不免满腹牢骚，便经常找借口推托。曼玲心里也觉得有些委屈，回家就和母亲说起了自己内心的苦闷。身为职业女性的母亲笑了笑，说："小事不做，焉能做大事？须知，由细微处方见真品性。"

于是曼玲不再和大家一起发牢骚，见到别人不愿意做的琐事，她便接过来做，一下子就忙碌了起来，有时甚至要加班加点。有些新人笑她傻，说有时间多休息休息不好吗？还有些人说她爱表现，说不用这么拼命吧。不管别人怎么说，曼玲总是笑而不语。

其实，曼玲完成的一点一滴的工作，部门主管都看在眼里，便开始逐渐选择一些专业的工作给她做。公司的老员工也喜欢这个手脚麻利、不挑三拣四的"傻女孩"，平时也颇乐意将自己多年的工作心得传授给她，并将公司里人际关系上的微妙之处向曼玲点拨。逐渐地，曼玲工作上越来越顺手，在人际交往的分寸上也把握得越来越好。

有了这么好的群众基础，又有了那么好的工作成绩，在新人转正时，曼玲自然成了第一批转正的新人，并且被安排到了她最向往的岗位，成功地踏出了职业生涯的第一步！

不要忽视小节，这在现代职场上已被奉为金玉良言。所谓"成也小节，败也小节"当是如此。

世界上许多伟大的事业都是由点点滴滴的细节汇集而成的。在细节上能够表现好的人，他在成功之路上一定会少许多阻碍。同样，执行工作中的很多细节会影响到我们的事业和前途。如果你想有所成就，取得更大的成功的话，就不要忽视这些细节，以免因小失大，给你的人生和事业带来重大的损失。

我们在执行任何一项任务的时候，都要从准备开始直到任务完成有一个全面的考虑，特别是在容易忽略的环节上，更要认真和细心，千万不能粗心大意。养成了重视细节的习惯，才能把将任务执行得更加精准、完善。

在过去的执行中，你有没有认认真真地对待和做好过每一个细节？要知道，一个微小的细节也许就改变了你一生的命运。

第 8 章

精准复盘——每天进步 1% 的工匠精神

做足执行准备，执行全力以赴，实现预定目标，执行已经大功告成？事实上，执行中仍难免存在问题和不足。这就需要对执行进行复盘，查找漏洞，完善过程，巩固成果。

精准执行，不仅体现在执行前、执行中，更体现在执行后。在复盘中，要像工匠对待自己的作品一样，一丝不苟，精益求精。严谨执行的品格，是屹立职场的基石，让我们从平凡迈向优秀，以至更高的境界。

复盘，把好执行的最后关口

工作做完了，是不是就意味着执行已经结束了呢？所谓百密总有一疏，意思是说即使我们对工作倾注了全部热情，已经尽心尽力去做了，仍然难免有所疏忽、有所遗漏，这就需要我们在任务完成后，对执行的过程和环节进行检查和复盘，以彻底执行过程中产生的问题，实现100%的精准执行率，将工作做得完美无缺。

只执行而无复盘，精准执行就难以保证；虽有复盘，但不得其法，缺乏方法，也收不到良好的效果。要做好执行的复盘工作，必须从以下几个方面去努力。

1. 事先要有准备

复盘工作是一件严肃而细致的事情，而应准备好了再说。对于复盘项目，事先要有一个较详尽的计划，时间如何安排、达到什么要求、着重检查哪些环节、采取哪些方法和步骤，都应事先明确。对复盘的重点在哪里，哪个是关键部位，何处是薄弱环节，也要基本掌握，不然就会收效甚微。

2. 不要为复盘而复盘

复盘是招待不可缺少的重要一环，理所当然地应成为我们工作的一个重要职能，应当对它予以高度重视，把它放到突出的位置上，花时间和精力做好。如果能意识到这一点，就不会为复盘而复盘，或把复盘工作看得过于简单。在复盘过程中，就不会粗枝大叶，草率对待，而是坚持标准，不放过工作中的任何瑕疵和遗漏，达到高质量、高效率的目标。

3. 复盘要有标准

复盘工作没有标准，就会无所适从，起不到应有的效果。一般地说，要以原来制定的目标和计划为标准，但是又不能把这个标准看死了。它既是确定的，又是不确定的。所谓确定的，是说必须拿目标、计划作为尺度来衡量实际执行情况，非此不成为复盘工作。所谓不确定的，就是不能削足适履，要根据客观事实、实际情况来对待执行中出现的问题。要做到原则性和灵活性相结合，既坚持标准又灵活处理，具体问题具体对待，如此才能快速有效地处理问题，达到复盘的目的。

4. 防止主观性、片面性和表面性

凡是不从实际出发，而是先入为主、自以为是，就是主观性。片面性就是不能全面地、客观地看问题，只知其一，不知其二，只见树木，不见森林。所谓表面性，就是走马观花，蜻蜓点水，知其然不知其所以然。这些都是复盘工作的大忌，一定要注意防止和克服。不要自以为是，而要尊重事实，具体问题具体分析；大处、小处都要查，缺点、成绩都要看；要扎扎实实，了解真情况，解决真问题，不要浅尝辄止。

　　复盘工作是执行的一项日常工作，通过复盘可以发现在执行过程中所发生的问题，进而解决问题，把工作推向前进。

精准总结，执行更上一层楼

　　要想提高自己的执行能力，实现精准执行的目标，就必须每隔一段时间对执行工作进行复盘和检查，冷静地思考一下其中存在哪些问题，总结经验和教训，提升对执行工作的认识，提炼更准确、更有效的执行方法，以避免今后的执行工作少走弯路。

　　执行只有计划而无检查不行，光有检查而无总结也不行。因为只有注意总结经验，才能使感性认识上升到理性认识，从而发现执行工作中的规律性。总结经验的过程，就是对过去执行工作中的感性经验进行分析综合、研究提炼的过程，它能使零星的表面的感性认识上升到系统的本质的理性认识，从中揭示出执行中规律性的东西。

　　不善于总结，头脑中就永远是一团乱麻、一堆杂物，有价值的东西就永远清理不出来；只有注意总结经验，才能理出工作的头绪，找出执行的规律，实施科学、精准的执行。发现规律不是目的，目的是通过掌握和运用规律把执行做得更好。

不通过总结经验，就不知道哪些事情是按规律办事，所以成功了；哪些事情违背了规律，所以失败了；就不会减少盲目性，增强自觉性，所谓精准执行也就成了空话。只有注意总结经验，才能切实提高执行水平。有的员工在职场工作多年，做过的工作可谓不算少，可执行水平却十分平庸。其中一个很重要的原因就是不善于把实际工作经验加以条理化。哪些事做对了，为什么对？哪些事做错了，为什么错？在他那里是一笔糊涂账，当然也就找不到使自己的执行能力"更上一层楼"的"楼梯"。

所以，既要考虑问题于事前，又要注意总结经验于事后。从某种意义上讲，只有当好"事后诸葛亮"，才能成为"事前诸葛亮"，因为这次的事后正是下次的事前。不愿在事后下功夫总结经验和教训的人，永远不会成为"事前诸葛亮"。

每工作一段时间就要对工作进行一次检查和总结。可以利用星期天或节假日，从容不迫地回顾一下自己的工作。因为这时既没有上级也没有别人在场，安静的环境会给你创造一种重新认识自己、重新反省本职工作的执行情况，能使你把平常完全不能考虑的问题认真思索一番。这样的思索最好每月都有一两次，每半年再较系统地回顾一次，每一年进行一下全面总结。

执行总结要有技术含量

对执行任务的过程和结果进行复盘和总结，需要讲究技巧和方法，如果方法不当，就会既耗费时间、精力，又收效甚微。那么，应当怎样总结呢？

1. 不要只总结成功的经验

正面的、成功的经验固然需要，但从错误和挫折中总结出来的教训往往更为宝贵。"失败是成功之母"，"吃一堑，长一智"，既应当重视从成功的经验中学习，又善于从失败的教训中学习。

2. 不要"一点论""一分法"

既要看到成绩，又要看到缺点，一是一，二是二，好就是好，不好就是不好。对执行工作中的成绩不夸大，对缺点不回避。切忌好大喜功，搞虚假浮夸。同时，要注意这些经验与当时执行情况和各种因素的联系。这样就可以明确，哪些经验在什么条件下可以继续沿用和推广，哪些经验则不能；哪些经验虽然在其他条件下可以运用，但要做哪些改进，等等，这样就可以使自己在今后的执行中少犯错误，提高执行的效率。

3. 不要请人代劳

自己的工作经验当然要自己总结，别人不能代替。对于执行任务的总结，要亲自动手，不要请人代劳。因为这样可以督促自己对做过的工作进行重新清理，加深自己的感受和认识，同时对自己分析问题的能力和执行能力也是一个锻炼。

4. 不要没有重心

每次总结必须从具体情况出发，抓住要点，明确总结的目的、要求、方法、步骤、关键、重点，抓住核心问题进行解决。

5. 不要一劳永逸

工作在不断前进，事业在不断发展，情况在不断变化，新的任务需要我们去执行，新的经验和教训需要我们去总结。所以，总结经验不能一次完成，一劳永逸。既要善于有计划、分阶段地总结经验，又要善于随时随地总结经验，只有工作到老、总结到老，才能不断向更高的境界和水平前进。

6. 不要囿于一种思维方式

实际上，总结工作经验是一种很复杂的脑力劳动，既需要经验式思维也需要理论性思维；既需要平面思维也需要立体思维；既需要单维式思维也需要多维式思维；既需要封闭式思维也需要开放式思维；既需要同性思维又需要异性思维。

就拿比较法来说，它实质上包含多种思维方法。这种方法可以有效地区别好与坏、落后与先进；使人们认清差距，找出不足，从而更好地改进工作。但如果思维方法不灵活、不科学，也容易出毛病。譬如，比较法只有在事物之间有了可比性时才适用，否则就会得出错误的结论。

再如，跳出本单位的小圈子，用开放式思维来总结经验当然好，可以使人们从更高、更新的角度来看问题，但如果不善于把纵向比较与横向比较结合起来进行立体思维，而是单独进行横向比较或纵向比较，就会产生片面性。

确认结果，让一切没有问题

很多时候，我们在短时间内速战速决地完成了某项任务，结果却经不起考验和检验，里面的错误和漏洞依然存在。我们看起来没有问题的结果却潜藏着很多的问题，这都是因为我们不善于巩固和检查所导致的。

不要以为找到了方法，解决了问题就算大功告成，问题处理的结果需要得到确认和巩固，才算真正完成了任务。所以，我们做好了一件事情之后，先别得意地拍着胸脯说"一切没有问题"，结果的可靠性要靠检验来证明。只有经过确认和巩固的结果，才是有效而值得肯定的，才意味着真正地解决了问题，精准地执行了任务。

"一切没有问题"并不是无法实现的，只要我们严格要求自己，做事抱着认真、负责的态度，不投机偷懒，不心存侥幸，那么结果就能够"一切没有问题"。

销售大师乔·吉拉德销售成功之后，需要做的事情就是，将客户及其与买车子有关的一切情报，全部都记进卡片里面，同时，他会给买过车子的人寄出一张感谢卡。他认为这是理所当然的事，但是很多销售员并没有这样做。所以，乔·吉拉德为买主寄出感谢卡，买主对感谢卡感到十分新奇，从而印象特别深刻。

不仅如此，乔·吉拉德在成交后依然站在客户的一边，他说："一旦新车子出了严重的问题，客户找上门来要求修理，有关修理部门的工作人员如果知道这辆车子是我卖的，那么，他们就应该立刻通知我。我会马上赶到，并设法安抚客户，让他先消消气。我会告诉他，我一定让人把修理工作做好，他一定会对车子的每一个小地方都觉得特别满意，这也是我的工作。没有成功的维修服务，也就没有成功的销售员。如果客户仍觉得有严重的问题，我的责任就是要和客户站在一边，确保他的车子能够正常运行。我会帮助客户要求进一步的维护和修理，我会同他共同战斗，一起去对付那些汽车修理技工，一起去对付汽车经销商，一起去对付汽车制造商。无论何时何地，我总是要和我的客户站在一起，与他们同呼吸、共命运。"

乔·吉拉德将客户当作是长期的投资，从不卖一部车子后即置客户于不顾。他本着来日方长、后会有期的意念，希望他日客户为他辗转介绍亲朋好友来车行买车，或客户的子女已成年者，而将车子卖给其子女。卖车之后，他总希望让客户感到买到了一部好车子，而且能永生不忘。客户的亲戚朋友想买车时，首先便会考虑到找他，这就是他贩卖的最终目标。

车子卖给客户后，若客户没有任何联系的话，他就试着不断地与那位客户接触。打电话给老客户时，开门见山便问："以前买的车子情况如何？"通常白天电话打到客户家里，来接电话的多半是客户的太太，她们大多会回答："车子情况很好。"他再问："有任何问题没有？"顺便向对方示意，在保修期内该将车子仔细检查一遍，并提醒她们在这期间送到这里检修是免费的。他也常常对客户的太太说："假使车子振动厉害或有任何问题的话，请送到这儿来修理，请您也提醒您先生一下。"

乔·吉拉德说："我不希望只销售给他这一辆车子，我特别爱惜我的客户，我希望他以后所买的每一辆车子都是由我销售出去的。"

乔·吉拉德的这种对问题认真负责、追求完美结果的态度和精神值得我们每个人学习。在执行任务过程中，每做完一件事、解决完一个问题，我们都应该有确认和巩固结果的意识，以解除后顾之忧。有足够的自信说出"一切没有问题"，才算是完满地完成任务。

"一切没有问题"，是对执行的高标准要求．是处理问题的完美结果。要做到"一切没有问题"，不仅需要我们足够的能力和自信，还要求我们要有负责的态度来勇于承担。"一切没有问题"不只是一种结果的承诺，也是一种责任的担当。

把每一件事情做到登峰造极

世界上没有做不成的事，只有做不成事的人。凡是别人已经做到的事，我们即使面临的困难再大，也一定要做得更好；凡是别人认为做不到的事，我们即使遇到挫折，也要继续拼搏直至取得成功；凡是别人还没有想到的事，我们不仅应该想到，而且一定要敢为人先，迅速行动。

罗素·康威尔说："成功的秘诀无他，不过是凡事都要求自我达到极致的表现而已。"

许多人执行任务做得很粗劣，不是丢三落四，就是拖延落后，还找借口说是时间不够，其实按照各人日常的生活，都有着充分的时间，都可以做出最好的工作。如果养成了做事务求完美、善始善终的习惯，任何任务都可以如期完成。而这一点正是成功者和失败者的分水岭。成功者无论做什么工作，都力求达到最佳境界，丝毫不会放松；他们无论做什么职业，都不会轻率疏忽。

在美国某个城市，有一位先生搭了一部出租车要到某个目的地。这位乘客上了车，发现这辆车不只是外观光鲜亮丽，司机先生服装整齐，车内的布置亦十分典雅。

车子一发动，司机很热心地问他车内的温度是否适合，又问他要不要听音乐或是收音机。车上还有早报及当期的杂志，前面是一个小冰箱，冰箱中的果汁及可乐如果有需要，也可以自行取用，如果想喝热咖啡，保温瓶内有热咖啡。这些特殊的服务，让这位上班族大吃一惊，他不禁望了一下这位司机，司机先生愉悦的表情就像车窗外和煦的阳光。不一会儿，司机先生对乘客说："前面路段可能会塞车，这个时候高速公路反而不会塞车，我们走高速公路好吗？"

在乘客同意后，这位司机又体贴地说："我是一个无所不聊的人，如果您想聊天，除了政治及宗教外，我什么都可以聊。如果您想休息或看风景，那我就会静静地开车，不打扰您了。"从一上车到此刻，这位常搭出租车的乘客就充满了惊奇，他不禁问这位司机："你是从什么时候开始这种服务方式的？"这位司机说："从我觉醒的那一刻开始。"司机说起他那段觉醒的过程。从前他经常抱怨工作辛苦，人生没有意义。一次不经意中，他听到广播节目里正在谈一些人生的态度，大意是你相信什么，就会得到什么，如果你觉得日子不顺心，那么所有发生的事都会让你觉得倒霉；相反地，如果今天你觉得是幸运的一天，那么今天每一个你所碰到的人，都可能是你的贵人。就从那一刻起，他开始了一种新的生活方式。目的地到了，司机下了车，绕到后面帮乘客开车门，并递上名片说："希望下次有机会再为您服务。"在经济不景气的时期，这位出租车司机的生意没有受到丝毫影响，他很少会空车在这个城市里兜转，他的客人总是会事先预定好他的车。

竭尽全力、追求完美的做事态度，能创造出最大的价值。

全心全意、追求完美，正是敬业精神的基础。一个人无论从事何种职业、执行何种任务，都应该全心全意、尽职尽责，这不仅是工作的原则，也是生活的原则。

精准执行，匠人匠心

精准执行，反映的是一种认真负责、精益求精的工匠精神。管理学之父彼得·德鲁克说过："人生所有的履历都必须排在认真负责的精神之后。"有了认真负责的态度，执行就会一丝不苟、严谨细致、精益求精，就会出成效、出成果、出精品。

韩国现代公司的人力资源部经理在谈到对员工的要求时，这样说："我们认为对员工最好的要求是，他们能够自己在内心为自己树立一个标准，而这个标准应该符合他们所能够做到的最好的状态，并引领他们达到完美的状态。"

如今，任何一家公司对员工的期望，都不再满足于公司规定怎么做，员工便去怎么做，而是期望员工能够自我加压、自我完善，成为能创造自己最大价值的人。这就要求员工心中必须具有对自己的高要求，只有这样才能达到自我管理、自我发挥的状态。

对每一个人来说，只有用精益求精的工匠精神要求自己不断发现和改进自己作品的不足之处，才可能成就精美的作品和人生。

有工匠精神的人，对待工作要求"百分百""尽善尽美"，对待错误却是"零容忍"，没有"可能""也许""差不多"，有的是"一定""确定""精、准、细"。

工作中养成精益求精的态度，做事坚持高标准和高质量，不仅可以提升自身的素质，还可以激发自己的智慧，提升自己的工作能力。

追求尽善尽美，以高标准要求自己，把自己的工作做得比老板要求得更完美、更迅速，把每一项任务都执行得更精准、更细致、更严密、更到位，你就一定可以胜任任何工作，从平凡走向优秀，从优秀走向卓越。

树立工匠精神，让精益求精成为习惯，尽力将工作做到最好，力求完美、出色，这样，你良好的职业道德就蕴含其中了。

世界上那些为人类创立新理想、新标准，扛着进步的大旗，为人类造福的人，无不都是具有工匠精神的人。调动自己全部的智慧，把工作做得细致、扎实，甚至做得很精彩，让自己的闪光点发出光芒，那么你的人生就会与众不同，事业就会非同凡响，就一定能实现心中的愿望。

调高执行标准，追求尽善尽美

在某大型机构一座标志性的建筑物上，有句很让人感动的格言："我们这里，一切都追求尽善尽美。""追求尽善尽美"，是值得我们每一个人深思的一句话，如果每个人都能牢记这一句话、实践这一句话，无论做任何事情，都会竭尽全力，以求得尽善尽美的结果，那么你的福利不知要好多少倍。

要想在工作中大有作为，就要在做事的时候，抱着非做成不可的决心，抱着追求尽善尽美的态度。

每当执行完一项任务、做完一项工作以后，你应该这样说："我愿意做那份工作，我已竭尽全力、尽我所能去做了，比起赞誉，我更愿意听取他人的批评。"

成功者和失败者的分水岭在于：成功者无论做什么，都力求尽善尽美，丝毫不会放松，失败者无论做什么，都敷衍了事，马马虎虎；成功者无论做什么职业，都不会轻率、疏忽，失败者做什么都习惯于轻率、疏忽。

很多工作中的失误都是由于疏忽、敷衍、畏难、偷懒、轻率而造成的。如果我们每个人都能做事，不怕多一些困难，不会半途而废，那么非但可以减少执行中的失误，而且会做得更好。

大部分年轻人，好像不知道职位的晋升，是建立在忠实履行日常工作职责的基础上的。只有尽职尽责地做好目前所做的工作，才能渐渐获得他人的认可，得到晋升的机会。

在如今的社会，你工作的质量决定你生活的质量。在工作中你应该严格要求自己，要做就做到最好，不允许自己只做到"还可以"；不要半途而废，能完成百分之百，就不能只完成百分之九十九。不论你的工资是高还是低，你都应该保持这种良好的工作习惯。每个人都应该把自己看成是一名杰出的工匠，而不是一个平庸的工人，带着不变的热情和信心对待你的工作和公司吧！

不要满足于 99.9% 的成功

对待自己的工作，千万不要因为99.9%的成功而沾沾自喜，只要你还有0.1%的错误和不足，你的工作就不是完美的，你的执行就达不到"精准"这一标准，你的职位也随时可能被他人取而代之。

一次，海尔公司总裁杨绵绵到分厂检查工作，在一台冰箱的抽屉里发现了一根头发丝。她马上召开相关人员会议，有的人不服气地说："一根头发丝又不会影响冰箱质量，拿掉就是了，何必小题大做呢？"杨绵绵却态度坚决地告诉在场的干部职工："抓质量就是要连一根头发丝也不放过！"

又有一次，一名洗衣机车间的职工在进行"日清"时，发现多了一颗螺丝钉。大家都意识到，这里多出一颗螺丝钉，就意味着哪一台洗衣机少安了一颗，这可是关系到产品质量和公司信誉的大事。为此，车间职工下班后主动留下，复检当天生产的1000多台洗衣机，用了两个多小时，终于把问题查了个水落石出——发货时多放了一颗螺丝钉。

对质量的追求几近偏执的做法，才可以使产品优质可靠。而公司里所有的人，包括管理者和员工同样对质量一丝不苟，视缺陷为废品的态度，又怎能不使产品尽善尽美，赢得顾客的广泛信任和喜爱呢？

同样地，以高标准要求自己，以高质量为工作目标，才能将工作做得一次比一次出色，将执行完成得一次比一次圆满。

无论是公司还是个人，如果仅仅满足于99.9%的成功和优秀，那是骄傲自满、不思进取的表现，只能裹足不前，不可能有什么大的作为和发展。更可怕的是，当竞争局势发生变化时，他很可能第一个遭到市场抛弃，淘汰出局。

实际上，只要每个员工牢记自己的工作使命，保持高度的责任心和敬业精神，就必定能将工作做到尽善尽美，从而赢得市场的认可和回报，形成公司强大的竞争力。

千万不要仅仅满足于99.9%的成功，要将工作做到100%，甚至200%、300%……这样你就超越了所有人，就能攀升到成功的顶峰！

精准执行，永远没有上限

《孙子兵法》有一句话，"求其上，得其中；求其中，得其下；求其下，必败"。这句话让人联想到目标牵引——被马拉动的车只能跑在马的屁股后面，要使"车"到达预定位置，就必须给"马"设定更高的目标。这就是我们常常强调的做事要高标准、严要求。

美国汽车大王福特只受过很少的正规教育。在刚刚创办福特汽车公司不久，福特向一家厂商订购了大批汽车零件。他在严格要求零件质量的同时，还对装零件的包装木箱的尺寸、厚度等提出了严格的要求。这样的要求不但让厂商觉得很惊讶，也让员工们觉得有点小题大做。

每次到货以后，他又特别叮嘱要小心开箱，不要损坏木板。之后，他拿出一张新办公室的设计图纸，用这些木板来做办公室的地板，更让人惊讶的是，木板竟然与设计图纸上的尺寸相差无几。原来，在进货的时候，福特就想到要把这些用来包装零件的木板用作办公室的地板。

我们常为有的人小题大做或舍本逐末的做法感到不可理喻，可是有时候，正是这样对结果较真的人才将事情处理得最完美，把事情做得天衣无缝。

执行的高标准、高要求也是同样的道理，就是以高度的责任心，用高标准去衡量，区分"把工作做了"与"把工作做好"。具体到执行过程，就是要扎扎实实按照要求去做，如果以工作困难为借口，迁就自己，则"求其下，必败"。为山九仞，功亏一篑，这一篑之差，就使执行前功尽弃，就无法够到成功的果实。

日本的松下幸之助有一次发表讲话时说："看员工努力向上的情景，我感觉非常欣慰。在这令人忧患的时代，本公司能很快从战争所带来的混乱中站起来，迈向复兴，就是因为我们比任何创业者都更能争取上进。我认为人人必须不甘于平庸，努力向上，才能创造出佳绩。"

完美的执行标准就在于一种不断努力的过程。事实上，很多人都不能够很好地理解"标准没有上限"这句话。他们在工作中普遍认为，只要做到了工作的全部要求，做到了工作的100分也就是达到了完美的状态。其实完美不是一种最终结果，而是一种过程。在这种过程中，向完美进发的人对自我永远都处于不满足的状态中，他知道自己对于工作或者人生都是不完美的，即使自己在努力地按照要求来工作，但是这对完美来说还是不够。因为完美对应的是一种更高层次的人生境界。在这样的人生境界中，每个人都必须不断地努力才有可能获得进一步发展的机会。

精准执行，日事日毕，日清日高

"日事日毕，日清日高"是海尔的口号。海尔的全面质量管理当中，最重要的一个原则就是"三全"的原则，即全面的、全方位的、全过程的。全面质量管理主要是全员参与的管理。在整个质量管理过程中，海尔采取了日清管理法，就是全面地对每人、每天所做的每件事进行控制和清理——日事日毕，日清日高。

海尔的"日清"系统包括两个方面：

一是"日事日毕"，即对当天发生的各种问题（异常现象），在当天就弄清原因，分清责任，及时采取措施进行处理，防止问题积累，保证目标得以实现。

二是"日清日高"，即对工作中的薄弱环节不断改善、不断提高，要求职工工作效率"坚持每天提高1%"，七十天后工作水平就可以提高一倍。

对海尔的客服人员来说，客户对任何员工提出的任何要求，无论是大事还是鸡毛蒜皮的小事，工作责任人必须在客户提出的当天给予答复，与客户就工作细节磋商，达成一致，然后毫不走样地按照协商的具体要求办理，办好后必须及时反馈给客户。如果遇到客户抱怨、投诉的情况，需要在第一时间加以解决，自己不能解决时要及时汇报。

从上面的介绍中我们可以看到，在众多的企业中，海尔是"当日事当日毕"的一个典型代表。我们并不是要建议你照搬或者模仿海尔的做法，而是想让你成为"日事日毕，日清日高"的高素质、高效率的执行员工。

无论是"日事日毕"还是"日清日高"，其主要核心还是在于提高工作效率，切实有效地搞好工作任务的落实，把所有的任务都执行得精准到位。

今天的工作今天必须完成，今天完成的事情必须比昨天有质的提高，明天的目标必须比今天更高才行。

"日事日毕，日清日高"不仅对于企业管理很重要，对于员工个人的执行工作来说也非常重要。坚持这个原则，不仅可以保证我们的工作整饬有序，还能保质保量地精准高效地完成。

后记
精准执行，没有最好，只有更好

在一个公司中，往往会有三种员工。

第一种是淘汰型员工。

他们是秃了槽的螺丝钉、着墨不均的复印机、次品率太高的生产线，早晚要被淘汰，只是时间问题。

对于工作任务，他们或者会寻找借口推卸，或者接受后敷衍了事，或者故意拖延。总之，难以精准执行——这种员工是在哪里都容易被淘汰的人。

第二种是合格型员工。

他们是企业和组织这台大机器上的螺丝钉，是流水线上的一个组成部分，是一台听命行事的复印机。

他们能够听从指令，配合上级执行工作任务，但不一定能精准执行。他们虽不可缺少，但并不是难以替代的人，因为在人力市场上能够替代"合格型员工"的人一抓大把，即使这样的员工有一天辞职了，公司也很快就能找到补缺的人——这种员工是可有可无的人。

第三种是杰出型员工。

他们是公司里的骨干，是排忧解难的干将，是解决难题的能手，是打开局面的旗手，是能把每一项工作任务都自觉执行得精准完美的典范。如果这样的员工流失了，短时间内将无人能够补缺——这种员工是难以替代型的人。

去执行任务，并不代表能精准执行。仅仅满足于完成任务，也不是精准执行。高标准完成任务，超越老板的期望，才是真正的精准执行！

执行任务，不要只满足于"还可以"的结果。如果满意于现有的成绩，或是不思进取，最终会被自己的"优秀"打败、击垮。

要做就要做到最好。只有抱定"没有最好，只有更好"的进取心，坚持负责到底，才能成为公司不可或缺的人物，才能永远立于不败之地。

执行任务时，你采取的是哪种态度呢？上面三类员工，你愿意做哪一种呢？

相信你一定能做出圆满、精准的选择！